QUELLE CHALLENGE 2003
Das offizielle Buch zum größten Triathlon-Festival Europas

Impressum

Herausgeber: lavinja GmbH & Co.KG, Fürther Straße 212, 90429 Nürnberg, ©lavinja.de

Verlag: WESSP. Werbung und Engagement für Sport, Seminare und Publikationen GmbH, Gundelfinger Straße 20, 90451 Nürnberg

Idee, Konzept, Artdirection: Norbert Wilhelmi (lavinja.de)
Grafik, Design: Melanie Kämmler (lavinja.de)
Fotografie: Thomas Fiedler (mbs)
Achim Rösch (mbs)
Kristina Voit (mbs)
Lithografie: (mbs)
Druck: Tümmel interMedia

Mit freundlicher Unterstützung von TEAMChallenge GmbH

Besonderen Dank: Live-Sportfotos.com, Agentur für Sportfotografie

Ergänzende Fotos: Salvadore Giurdanella, Michael Groh, Steve Handwerker, Jeff Hendersen

Begleittext: Aus dem paneuropäischen Liveticker zum Rennen am 6. Juli 2003, Jens Richter, http://www.tri2b.com

Inhalt
Inhaltsverzeichnis

Faszination Triathlon erleben	8-9
Vor dem Start	10-15
Schwimmen	16-25
Wechsel zum Rad	26-31
Radstrecke	32-45
Wechsel zum Laufen	46-53
Laufen	54-65
Zieleinlauf	66-99
Stories	100-105
Streckenpläne	106-111
Finisherliste	112-119
Presse	120-121

Faszination Triathlon erleben

Dieses Buch ist eine herzliche Einladung in den Triathlon-Landkreis Roth. Hier schlägt Europas Triathlon-Herz, denn hier wurde 1988 das erste Ironman-Rennen auf dem Kontinent veranstaltet. Und hier gibt es seither Jahr für Jahr faszinierende Erlebnisse rund um diese spannende Sportart. Mittlerweile häufen sich zahllose Komplimente, die den Sport-Landkreis Roth wegen seiner Triathlon-Tradition in den Rang großartiger Sportereignisse heben. Die Schlagzeile der Frankfurter Allgemeine Zeitung "Triathlon in Roth ist wie Tennis in Wimbledon" war eine der schönsten Lobeshymnen für den Sportgeist der hier herrscht, und von dem sich seither Zuschauer sowie Triathletinnen und Triathleten verzaubern lassen.

Diesen Zauber hat Roth in ganz anderer Art vom Geburtsort des Triathlon, dem amerikanischen Hawaii-Archipel, übernommen. Denn was dort als eine Wette unter US-Offizieren begann, setzte sich im fränkischen Roth über viele Jahre hinweg unter europäischen Bedingungen fort: Ein Parcours, den Triathleten, die etwas auf sich halten, ausprobiert haben müssen, weil hier alle Fabelrekorde der Welt erzielt wurden. Im Main-Donau-Kanal, der zuschauerfreundlich ist und schnellste Zeiten zulässt, auf der Radstrecke, die zu sanften und gleichzeitig brutal harten Berg- und Talbahnfahrten einlädt und schließlich auf einem Marathonkurs, bei dem sich totale Einsamkeit und stimmungsvolle Zuschauernester abwechseln. Ein weiterer Pluspunkt für Teilnehmer wie Medien sind die fachkundigen Zuschauer, wie sie zahlreicher an keiner Triathlon-Rennstrecke der Welt zu finden sind, und schließlich Teilnehmerfelder, die bis heute regelmäßig über 2.000 Namen aus mehr als 30 Ländern zählen.

Doch was wäre Roth ohne berühmte Namen? Ohne einen Lothar Leder in seinem Post-Gelb, der hier seit vielen Jahren zusammen mit seiner Frau Nicole ein unvergleichlich erfolgreiches Rendezvous in Sachen Sport gibt, und der 1996 und 2003 hier Triathlongeschichte geschrieben hat? Seine 96er Fabelzeit von 7:57:02 hat manchen Weltstar gleich derart elektrisiert, dass schon ein Jahr später der nächste Rekord purzelte: 7:50:27 zeigte die Uhr, als der Belgier Luc van Lierde die Ziellinie überlief. Oder 2003 sein atemberaubendes Sprintfinale gegen den sympathischen Weltstar Chris McCormack. Zahlreiche Bilder von diesem einmaligen und unvergleichlichen Wettkampf sind um die Welt gegangen und Gegenstand dieses Buches.

Mit und ohne Rekorde haben sich Namen wie Chris McCormack, Francois Chabaud, Paula Newby Fraser, Andreas Niedrig, Ute Mückel, Siegi Ferstl, Cam Brown, Christian Bustos, Mark Allen, Ken Glah, Pauli Kiuru, Wolfgang Dittrich, Ray Browning, Greg Welch, Peter Ried, Miko Luotu, Tom Söderdahl, Jürgen Zäck, Thomas Hellriegel oder Nina Kraft mit dem Namen Roth verknüpft. Manche der Top-Athleten – und da fehlt leider der Platz für eine lückenlose Aufzählung – sagen, es grenze fast an eine Beleidigung, wenn man nicht in Roth starte...

So wie sie 1988 mit einem Paukenschlag und dem Ironman begann, endete diese Ära 2001 mit der Rückgabe der weltweit begehrten Lizenz. Europas Triathlon-Pionier Detlef Kühnel hatte es innerhalb von 14 Jahren geschafft, neben dem wohlklingenden Namen auch einen Mythos aufzubauen. Vom Glanz und Ruf dieser legendären Jahre profitiert Roth heute wie nie zuvor, weil hier über lange Jahre ein unverwechselbares Triathlon-Feeling gewachsen ist. Eine Welle von Sympathie sorgte dafür, dass im Jahr 2002 allen Unfreundlichkeiten zum Trotz die Süddeutsche Zeitung schreiben konnte: "Roth bleibt Roth". Fast wie von selbst gelang es in Jahresfrist, die neue Marke "Quelle Challenge Roth" aufzubauen. Unter dem neuen Markenzeichen versammeln sich nun wie eh und je Top-Sportler sowie Triathletinnen und Triathleten, die zu den Genießern zählen: Jene, die den Solarerberg herbeisehnen, denen der Festplatz in Roth mit dem Zielareal das Gefühl des Heimkommens vermittelt, oder solche, die behaupten, dass sie sich nirgendwo herzlicher aufgehoben fühlen als in Roth. Es sind Triathletinnen und Triathleten aller Alters- und Leistungsklassen, denen die in allen Facetten gelebte Sportart mehr bedeutet als am Ende der Strapazen eine Teilnahmeberechtigung für Hawaii zu erhalten.

Herzlichkeit, Leistung und Leidenschaft hat sich der Quelle Challenge Roth auf die Fahnen geschrieben, und dieses Versprechen wird hier auch eingelöst. Dafür stehen ein ganzer Landkreis und vor allem über 3.700 Helfer und nicht zuletzt ein Kreis von Sponsoren, der den Neubeginn 2001 möglich gemacht hat. Dazu zählen an erster Stelle das Großversandhaus Quelle, die Post AG, DB-Regio, die N-ERGIE, die Sparkasse Mittelfranken-Süd, und das Sicherheitsunternehmen Arndt.

Dieses Buch wurde nach dem "Rennen des Jahres" spontan geplant und realisiert. Die Kooperation der Fotografen Thomas Fiedler, Achim Röschund Kristina Voit haben ein einmaliges Dokument eines Ereignisses geschaffen, über das man noch lange sprechen wird. Wir wünschen beim Durchblättern viele schöne Erinnerungen an den 2. Quelle Challenge Roth, die deutsche Meisterschaft und das WORLD'S BEST Abschlussrennen.

Herbert Walchshöfer im Juli 2003
Veranstalter Quelle Challenge Roth

Alle Texte nach dem Original-Liveticker von "tri2b.com" vom 6. Juli 2003.

6:00 Guten Morgen aus Roth
Es ist der Tag, der mit Spannung erwarteten 2. Auflage des Best old Race, der Quelle Challenge 2003. 13 Grad, leichter Wind aus West, nur leicht bewölkter Himmel.
Einige hundert Zuschauer haben sich bereits jetzt auf der Brücke über dem Main-Donau-Kanal versammelt, in der Wechselzone ruhige Betriebsamkeit.

CHALLENGE
...vor dem START

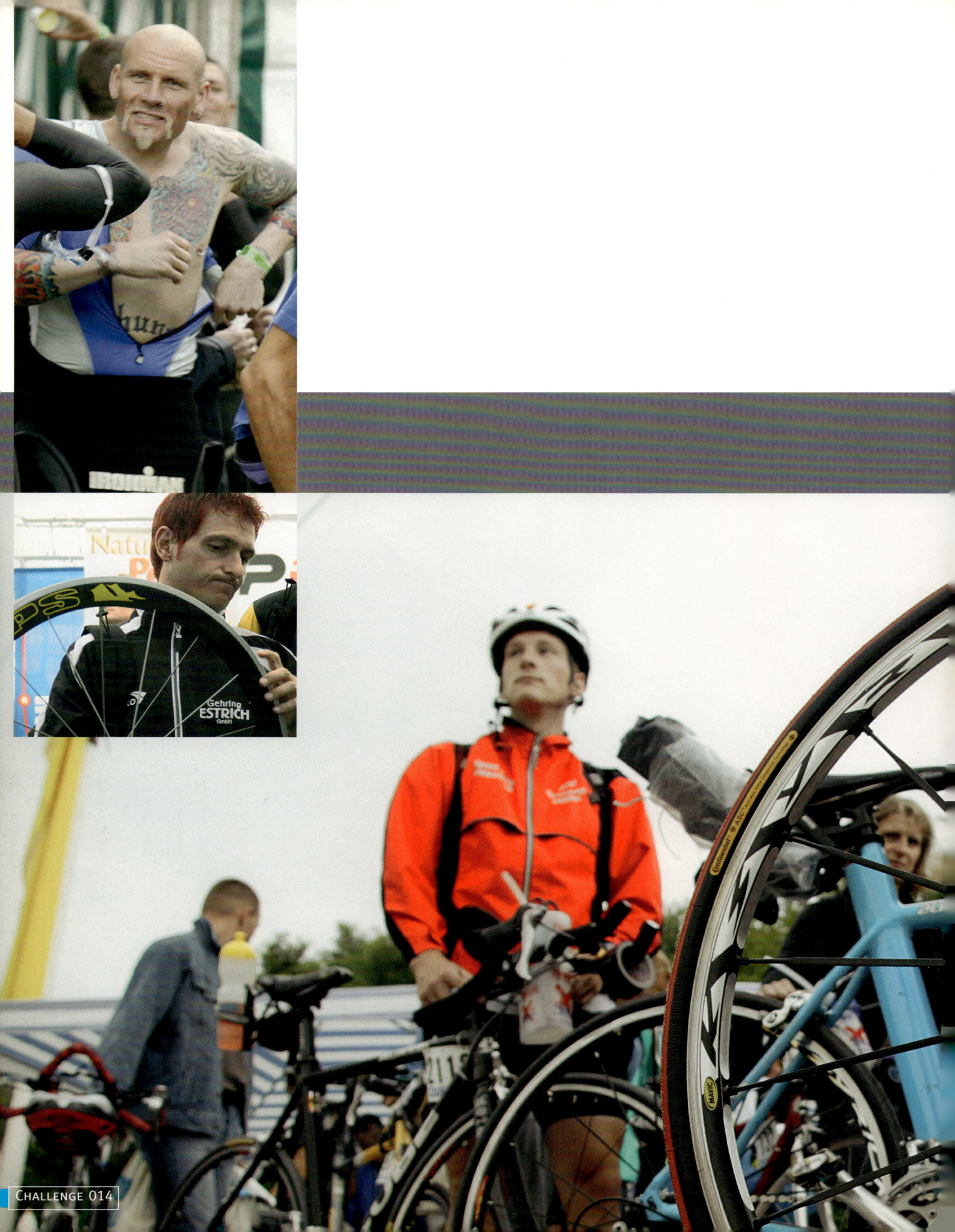

CHALLENGE 014

Challenge 015

CHALLENGE 016

SCHWIMMEN SCHWIMMEN

Stephen Sheldrake	0:47:27	Lothar Leder	00:50:42
		Chris McCormack	00:50:07
		Francois Chabaud	00:50:13
Nicole Leder	0:54:43	Nicole Leder	00:54:43
		Heike Funk	00:54:46
		Erika Csomor	01:01:05

3,8km Schwimmstrecke
SCHWIMMSTRECKE

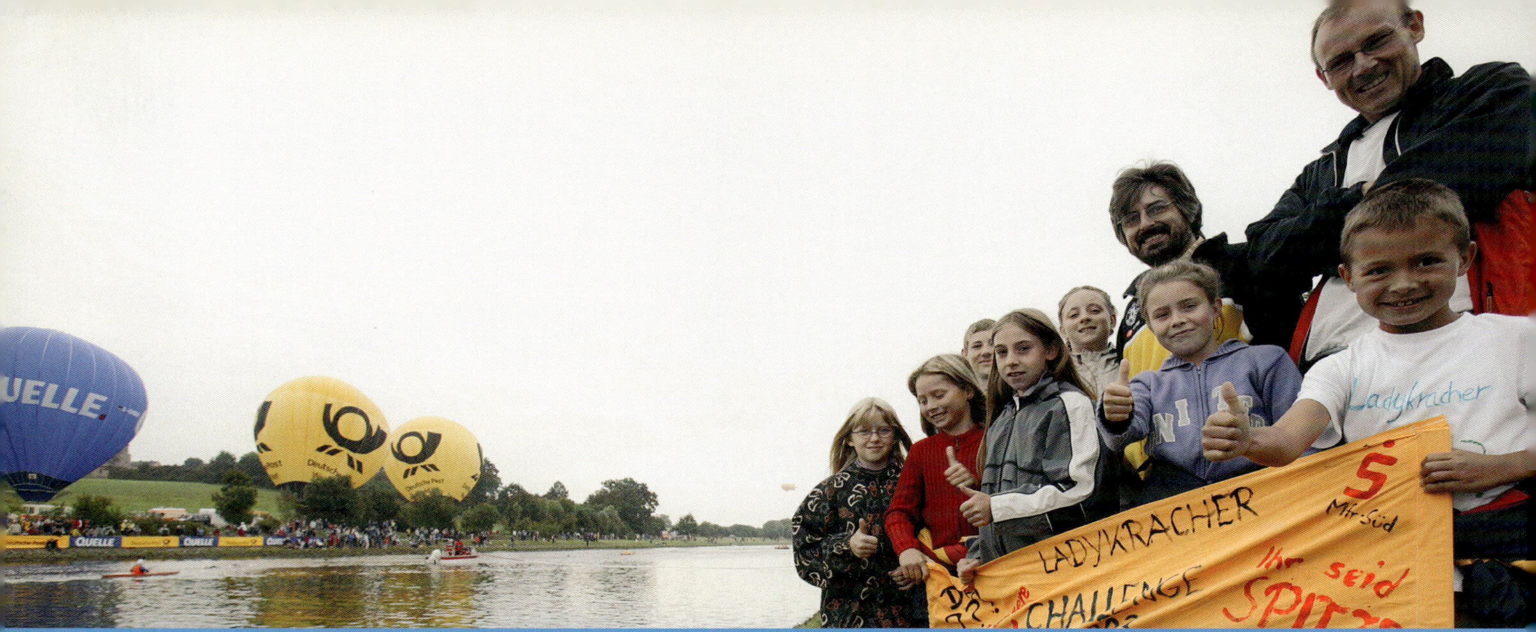
UELLE
LADYKRACHER
CHALLENGE
Ihr seid
Ladykracher

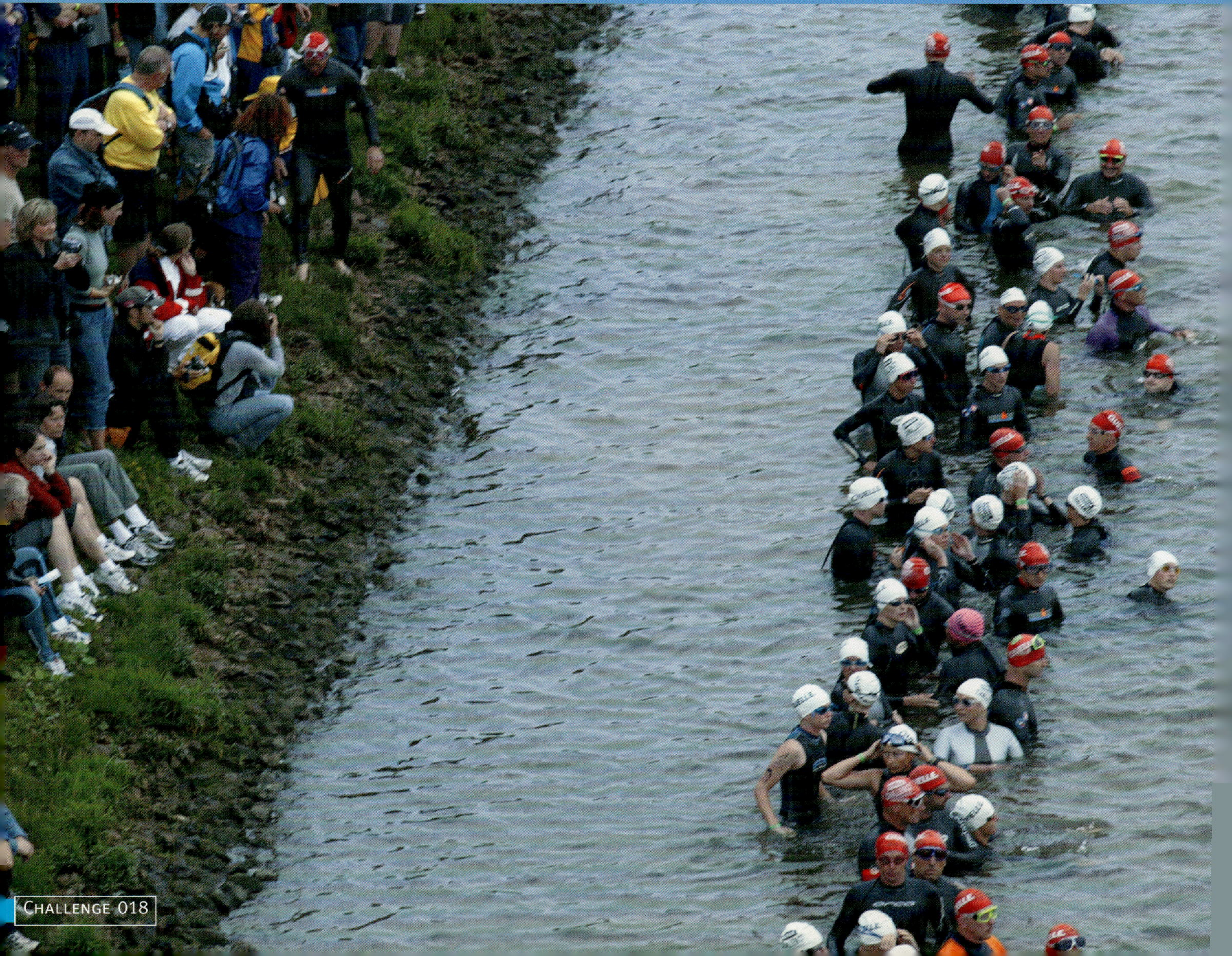

6:30 Das Rennen ist gestartet

6:40
Scharfe Pace von Sheldrake. Stephan Sheldrake, der schwimmschnelle Neuseeländer, übernimmt sofort die Führung und liegt 20 Meter vorn. Dahinter eine Gruppe mit Ute Mückel, Lothar Leder und vorn Chris McCormack.

6:45
Der Plan der drei schnellen Männer von der Südhalbkugel ist es, die deutschen Männer abzuhängen – das vermutete gestern Lothar Leder. Nun versucht Macca den Absprung nach vorn zu Sheldrake, der weiter mit einem Vorsprung von 15 Metern führt.

6:55
Bei 1000 Meter inzwischen unglaubliche 100 Meter Vorsprung für Sheldrake, der den Schwimmrekord des Dortmunders Michael Prüfert angreifen möchte, wie er vorher verraten hatte. Dahinter eine Gruppe von zehn Athleten mit Macca an der Spitze.

7:00
An der Wende eine unveränderte Konstellation. Sheldrake mit über 100 Metern allein vorn, in der Gruppe dahinter Macca, auch Alexander Taubert weit vorn – Lothar ganz hinten. Die ersten Prognosen sprechen von einem Schwimmsplit von rund 45 Minuten, das wäre 1:30 über Prüferts Rekordmarke von 1997 (43:35).

D - OQUE
Deutsche Post
World Net
Deutsche Post
World Net

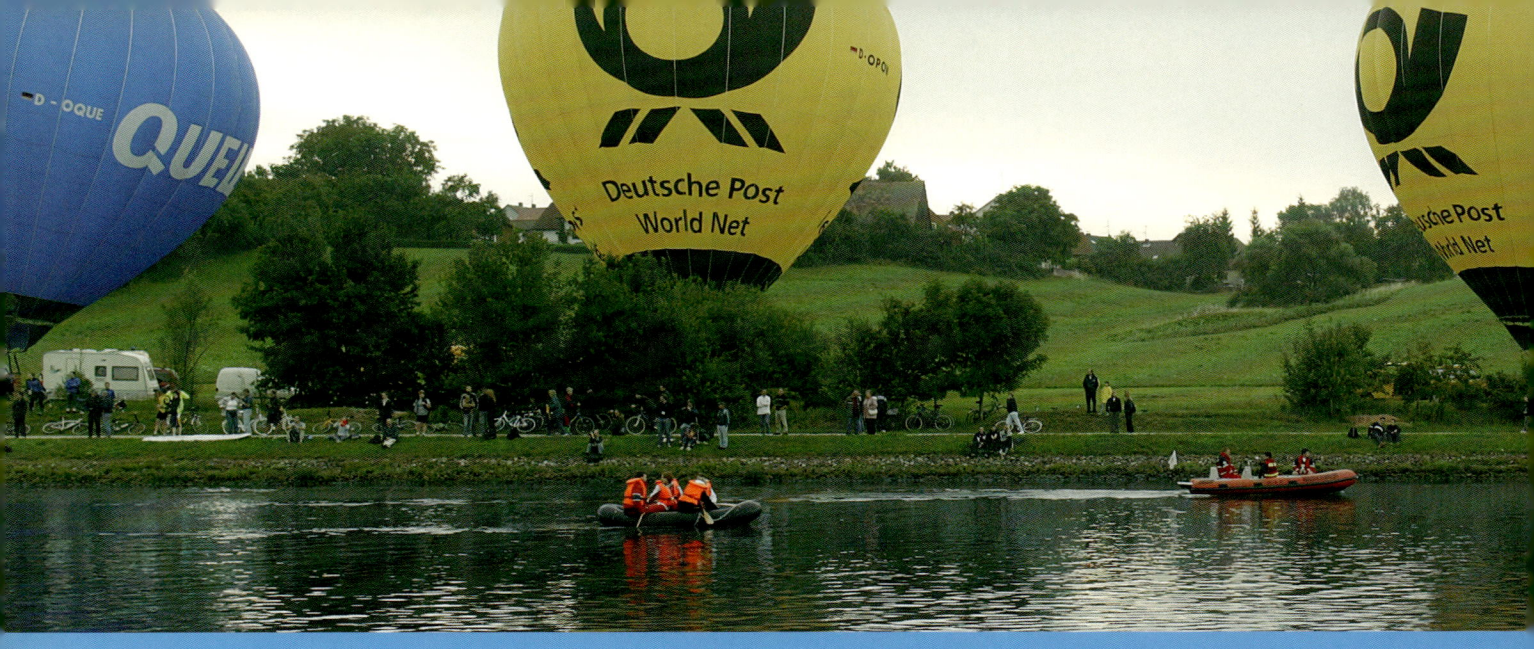

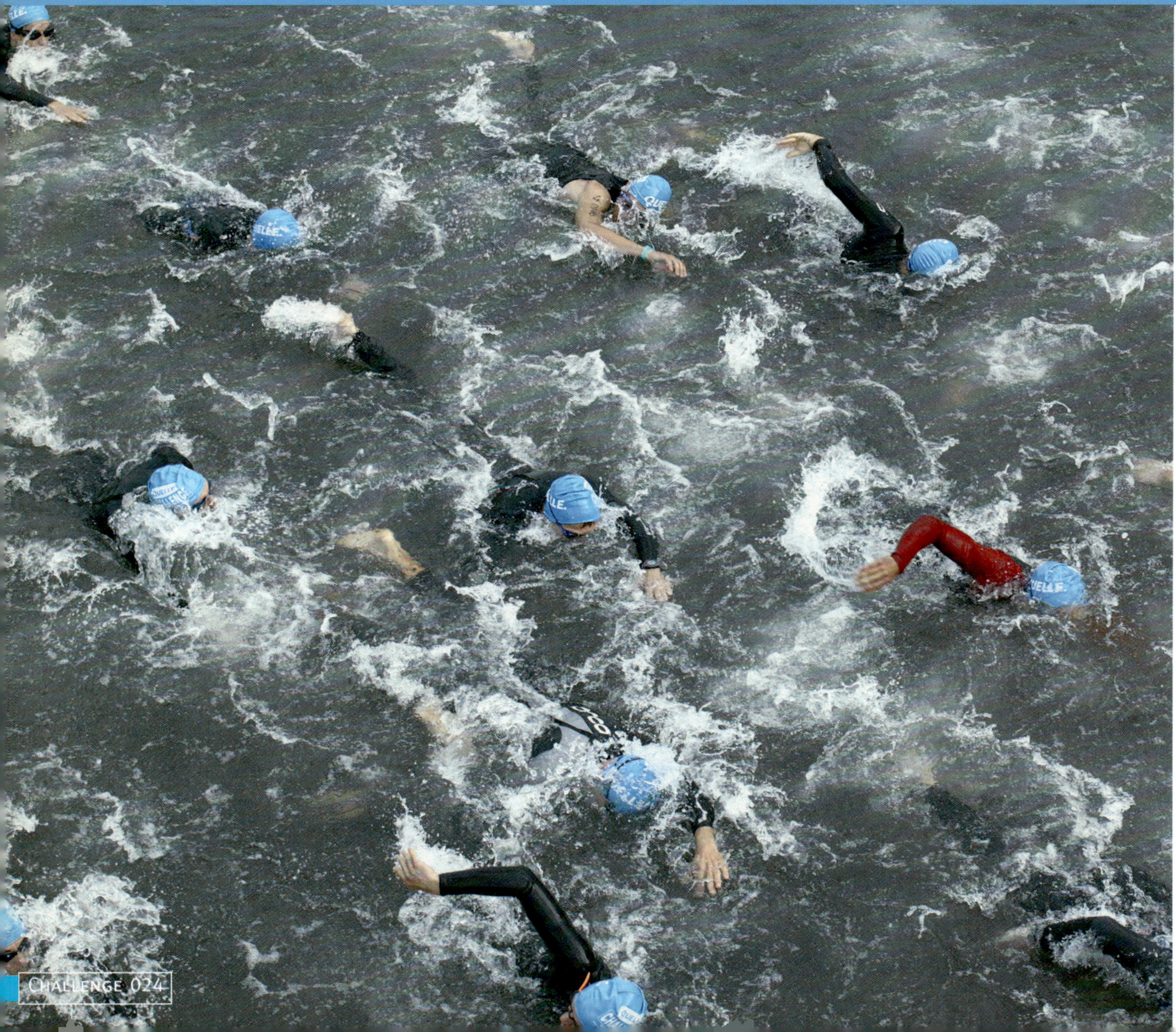

7:10
Die Gruppe ist geplatzt und Leder hat den Absprung verpasst. Er hängt am Ende der zweiten Verfolgergruppe, während in der ersten Rhodes die Pace macht, um Sheldrake nicht weiter entkommen zu lassen.

7:13
Noch wenige Meter zu schwimmen für Sheldrake. In der Gruppe dahinter zieht Rhodes den Australier McCormack, beide rund eine Minute vor der Leder-Gruppe, in der auch Mückel und Taubert Seite an Seite schwimmen.

Wechsel
SCHWIMMEN zum RAD

Lothar Leder	00:01:10
Chris McCormack	00:01:23
Francois Chabaud	00:01:34
Nicole Leder	00:01:40
Heike Funk	00:01:41
Erika Csomor	00:03:03

7:17:20
Sheldrake ist als Erster in der Wechselzone - mit einer phantastischen Schwimmzeit. Die Konkurrenten haben noch mehr als 100 Meter zu schwimmen. Zwischen den beiden Verfolgergruppen ist der Abstand wieder kleiner geworden: rund 20 Sekunden nur zwischen Rhodes/Macca und Leder. Ute Mückel führt mit über 2:00 Minuten.

7:30
Über 15.000 Zuschauer haben den spannenden Schwimmauftakt verfolgt, begleiten die Schwimmer zu Fuss und mit Mountainbikes am Ufer des Main-Donau-Kanals – das schätzen die Spotter des tri2b.com-Teams.

CHALLENGE 031

CHALLENGE 032

RADFAHREN RADFAHREN

Lothar Leder	4:27:48	Lothar Leder	04:27:48
		Chris McCormack	04:28:13
		Francois Chabaud	04:36:51
Erika Csomor	5:06:05	Nicole Leder	05:19:02
		Heike Funk	05:08:12
		Erika Csomor	05:06:05

180km Radstrecke
RADSTRECKE

Challenge 033

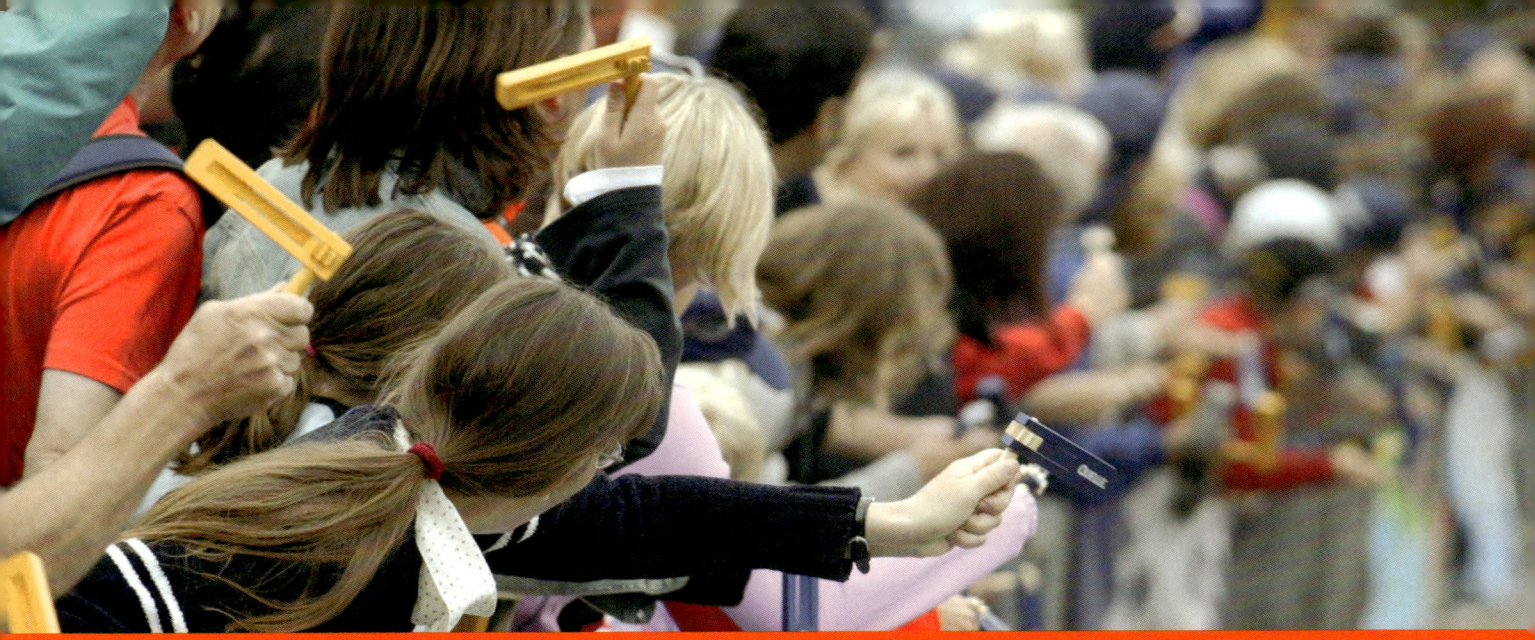

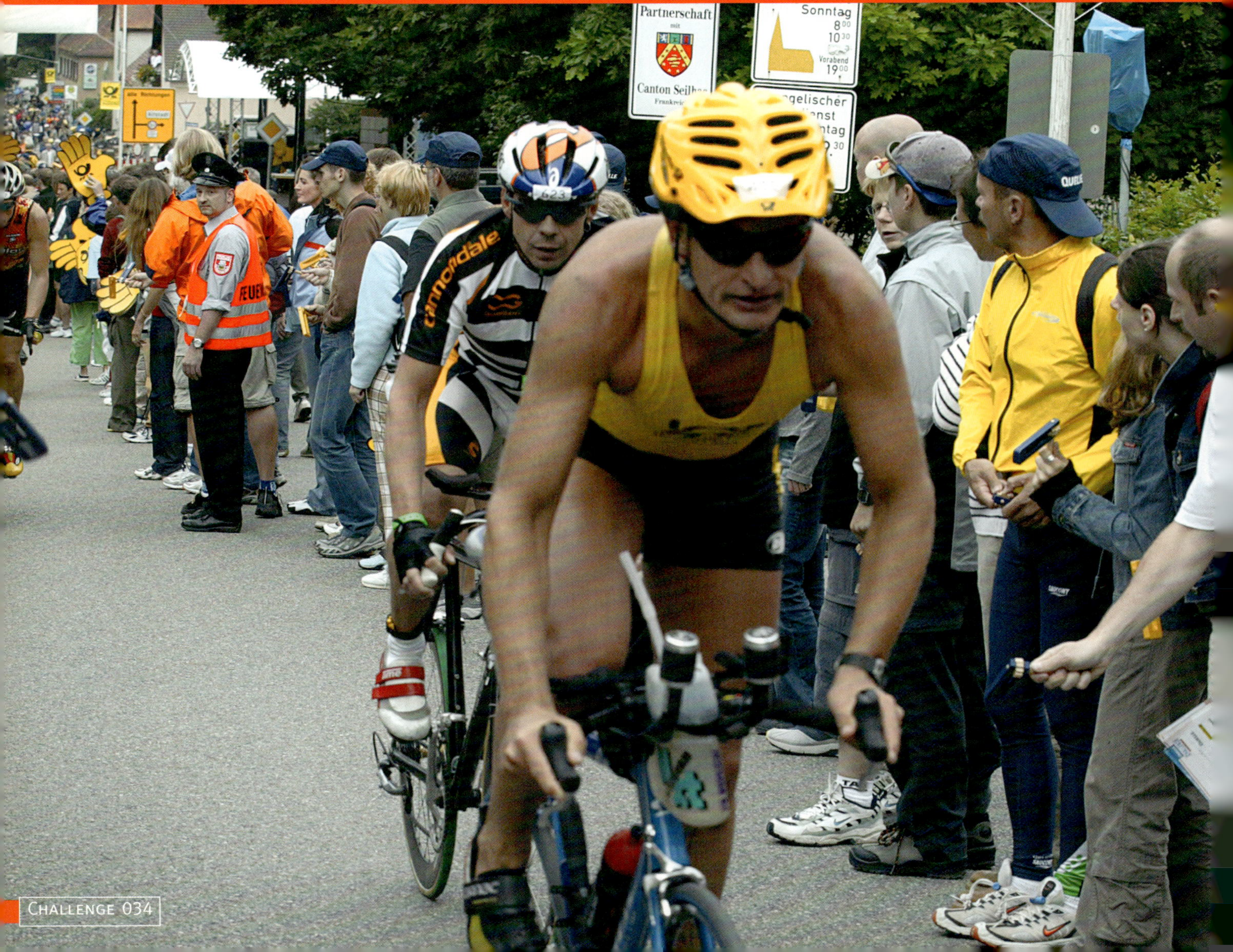
Partnerschaft
Sonntag
Vorabend
cannondale

7:44
Hier die ersten Zwischenergebnisse bei Kilometer 10, an einem kleinen Anstieg kurz hinter dem Dorf Wallesau: Sheldrake führt, Macca, Leder, Luoto und Chabaud: +2:00, Rhodes +3:00, Taubert +3:10.

7:48
Bei den Frauen der erwartete Zwischenstand, jedoch ist der Abstand zwischen Mückel und ihren Verfolgerinnen viel größer als erwartet: Gut 5:00 Minuten zu Leder und Funk, Jesberger und Bakker weitere zwei Minuten zurück...

8:20
Sehen wir am Anstieg von Greding die erste Attacke? Noch liegt Sheldrake mit einer Minute vorn, hinter dem führenden Leder lauern Macca und Chabaud. Als Single-Rider hat Luoto mit 3:50 Rückstand zur Spitze Tewes und Taubert im Nacken. Wo ist der Finne Söderdahl?

8:30
Sheldrake ist fällig: Am Kalvarienberg liegt die Dreiergruppe mit Leder nur noch 100 Meter hinter dem schwimmstarken Neuseeländer. Und die Bedingungen werden jetzt schwerer: Auf den nächsten 20 Kilometern bläst der Wind von vorn, 3 bft.
Warum lächelt Macca? Und Chabaud, berichtete soeben Wolfgang Dittrich, hatte Leder bereits in der Ebene kurz "angetestet".

8:32
Heike Funk macht ernst. Die Deutsche Meisterin, die zuhause am Chiemsee regelmäßig den Babyanhänger hinter ihrem MTB die Berge heraufzieht, hat am Anstieg zum Kalvarienberg die meiste Kraft. Mückel, die vor zehn Kilometern noch deutlich in Führung gelegen hatte, ist nun nur noch Dritte mit 0:50 Sekunden Rückstand. Und auch Leder kann nicht ganz folgen, sie liegt eine halbe Minute hinter Funk zurück.

8:55
Panne bei Chabaud. Eigentlich hatte der Franzose bei 50 Kilometern seine erste ernsthafte Attacke lancieren wollen. Stattdessen musste er mit etwas klammen Fingern nun den hinteren Drahtreifen reparieren. Als er das Rennen wieder aufnehmen kann, sind Taubert, kurz darauf auch Tewes und Söderdahl schon in Sicht.

CHALLENGE 037

CHALLENGE 038

CHALLENGE 039

CHALLENGE 040

CHALLENGE 041

CHALLENGE 042

9:00
Heike Funk hat sich davongemacht - viel später als erwartet allerdings konnte sie sich von ihren laufstarken Konkurrentinnen absetzen. Leder fährt weiter stark, liegt unangefochten an zweiter Stelle.

9:25
Macca sorgt für das Tempo, Leders kämpferischem Gesichtsausdruck ist es nicht zu entnehmen, ob ihn die Tempovorgabe des Australiers quält, "Hang loose" winkt der in die Kamera. Kurz vor Ende der ersten Runde kämpft Sheldrake dagegen hart um den Anschluss.

10:15
Altstar und tri2b.com-Kolumnist Wolfgang Dittrich ist sicher: "Lothar hat das Rennen zur Zeit sicher nicht unter Kontrolle. Es sollte mich nicht wundern, wenn Macca bei der zweiten Durchfahrt am Kalvarienberg ernst macht. Mit Leder wird er nicht loslaufen wollen."

10:25
Was hat Macca mit Lothar vor? Im Anstieg wartet der Australier sogar auf Leder, der bereits vierzig Meter zurückgelegen hatte. "It's a great race", sagt McCormack, "wie sieht's nach hinten aus", fragt Leder.

11:10
Mittlerweile tun sich Macca und Lothar nichts mehr. Beide fahren vollkommen unangefochten an der Spitze, während die Abstände nach hinten in den langen Gegenwindstücken immer größer werden. Inzwischen schließt Chabaud zu Sheldrake auf, beide liegen rund acht Minuten zurück.

11:15
Funk leidet, aber sie hat auch gar keine andere Wahl. Wenn sie ihre Chancen im abschließenden Marathon wahren wolle, müsse sie über 15 Minuten Vorsprung vor der laufstarken Konkurrenz mit in den Marathon nehmen, meint sie selbst. Noch ist Leder, die viel ökonomischere Gänge tritt und konzentriert und kontrolliert wirkt, nur 7:00 Minuten zurück.

11.30
Zehn Kilometer vor der Wechselzone: Soeben passiert die Männerspitze zum letzten Mal die Brücke über den Kanal bei Hilpoltstein, hat sich am Kopf-an-Kopf-Rennen der beiden Führenden nichts geändert. McCormack und Leder weit in Front, Chabaud und Sheldrake das zweite Pärchen. Noch nichts zu sehen von Taubert, Tewes oder gar Luoto.

CHALLENGE 045

CHALLENGE 046

Wechsel
RAD zum LAUF

Lothar Leder	00:01:04
Chris McCormack	00:01:39
Francois Chabaud	00:01:32
Nicole Leder	00:01:47
Heike Funk	00:01:59
Erika Csomor	00:03:02

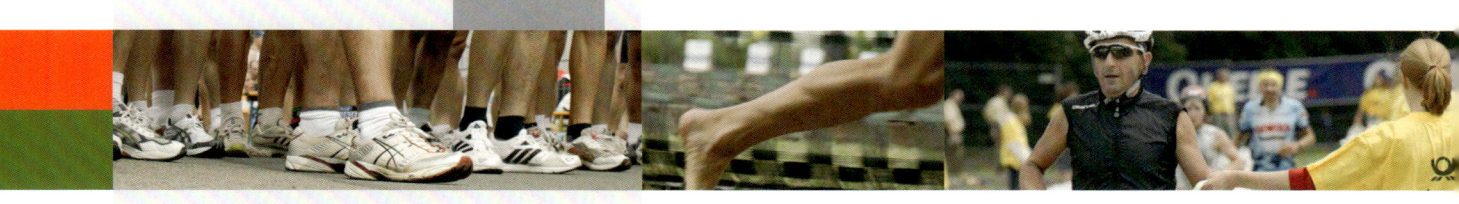

Challenge 047

Compex
ERDINGER
ALKOHOLFREI
Deutsche Post
World Net

Deutsche Post
World Net
Deutsche Post
World Net
PHILIPS
1240

11:50
Lothar Leder und Chris McCormack sind am neuen Wettkampfzentrum an der Hilpoltsteiner Straße vor den Toren Roths angekommen. Leder, der legendär schnelle Wechsler, wird ab jetzt den Druck erhöhen. Von Leder kennt man ja genau das: Blitzwechsel und Tempolauf, um den Gegner gleich zu Beginn zu schockieren.

12:30
Weiter entkommen ist die hart kämpfende Heike Funk ihren gefürchteten, laufstarken Konkurrentinnen nicht mehr. Soeben passierte die Deutsche T2, nach Berichten der Spotter aus Eckersmühlen liegt nun Erika Csomor mit 5:40 Minuten Rückstand an zweiter Stelle, Bakker folgt mit 6:05.

CHALLENGE 051

CHALLENGE 052

CHALLENGE 053

CHALLENGE 054

LAUFEN
LAUFEN

Mika Luoto	2:41:21	Lothar Leder	02:51:05
		Chris McCormack	02:50:31
		Francois Chabaud	02:52:53
Nicole Leder	2:57:49	Nicole Leder	02:57:49
		Heike Funk	03:21:55
		Erika Csomor	03:16:02

42km Laufstrecke
LAUFSTRECKE

CHALLENGE 056

12:05
Mit neun Minuten Rückstand ist Chabaud soeben auf die Laufstrecke gegangen. Vielleicht hat der Franzose bereits nach dem Pannenpech seine Hoffnungen auf einen Sieg begraben, denn danach wuchs sein Rückstand kontinuierlich. Auch der dritte Treppchenplatz ist aber alles andere als in trockenen Tüchern, denn mit weiteren acht Minuten ging soeben das Trio Taubert, Söderdahl und Tewes auf die Strecke. Taubert ist ein starker Läufer, der schon oft bewiesen hat, dass er einen Marathon progressiv gestalten kann.

12:12
Noch sind keine fünf Kilometer gelaufen und Leder liegt weiter gute 50 Meter vorn. Natürlich versucht Macca, das Loch nach dem Wechsel so schnell wie möglich zu schließen.

12:29
Da war Leder schon 45 Sekunden vorn, bei Laufkilometer acht. Doch es trieb den Deutschen in die Büsche und als er wieder hervorkam, war Macca zurück. Nun laufen beide einträchtig nebeneinander, schließen vielleicht sogar einen temporären Pakt für die nächsten Kilometer?

13.04
Bei Kilometer 12, auf dem Rückweg vom zweiten Wendepunkt, wird es für den Franzosen Chabaud eng. 30 Sekunden hinter ihm stürmt Söderdahl nach vorn. Und auch dahinter wird das Klassement derzeit neu gemischt, denn hinter Taubert, der an den Aid-Stations Gehpausen einlegen muss, hinter Sheldrake, Tewes und Söderdahl formiert sich ein starkes Duo: Der Spanier Santamaria Perez und der Finne Mika Luoto, der auf dem Rad Pannenpech hatte, sind die derzeit schnellsten Läufer im heutigen Marathon.

13.12
Etwa fünf Kilometer sind die führenden Frauen gelaufen, da liegt Heike Funk weiterhin sechs Minuten vor Erika Csomor. Bakker läuft weitere zwei Minuten dahinter auf Platz drei, Leder ist mit zehn Minuten Vierte. Ute Mückel hat sich mit Heidi Jesberger zusammengeschlossen: 18:00 zur Spitze.

13.15
Leder macht ernst und McCormack kommt ins Straucheln. Mit einer plötzlichen Tempoverschärfung hat sich der erfahrene Leder sofort um rund 150 Meter abgesetzt und der Marathon hat Halbzeit. Lange hat es gedauert, aber nun ist die klare Regie des Königs von Roth unverkennbar.

13.18
Das wird ein ganz neues Rennen, wenn es in rund zwei Stunden um den Sieg geht. Denn derzeit joggen Leder und McCormack gerade einmal im 4:10er Schnitt über die Marathonstrecke. Ein guter Kenner meint, Macca werde möglicherweise bei Laufkilometer 35 angreifen, doch noch laufen die beiden einträchtig im Small talk nebeneinander her.

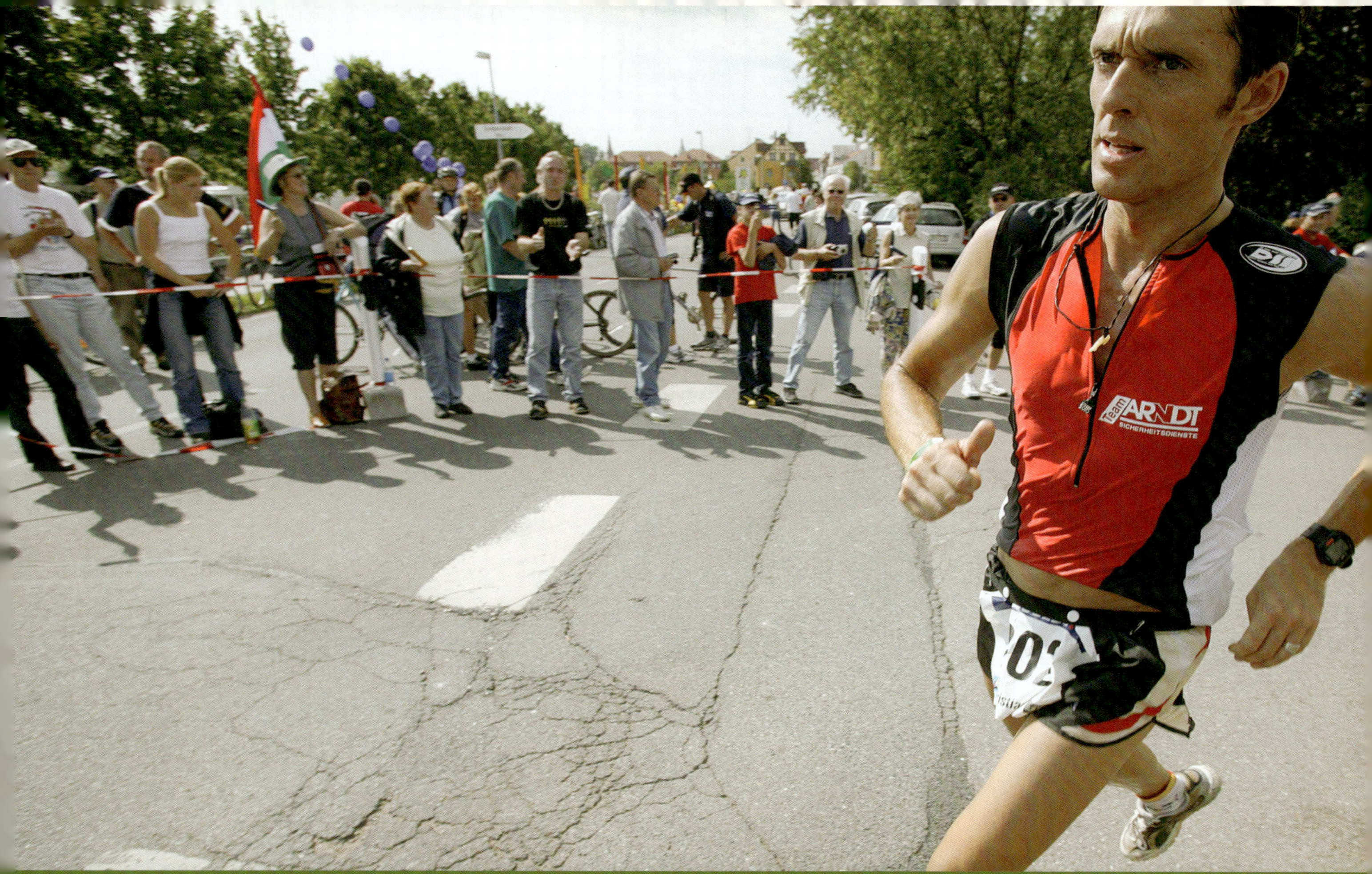
Team ARNDT
SICHERHEITSDIENSTE

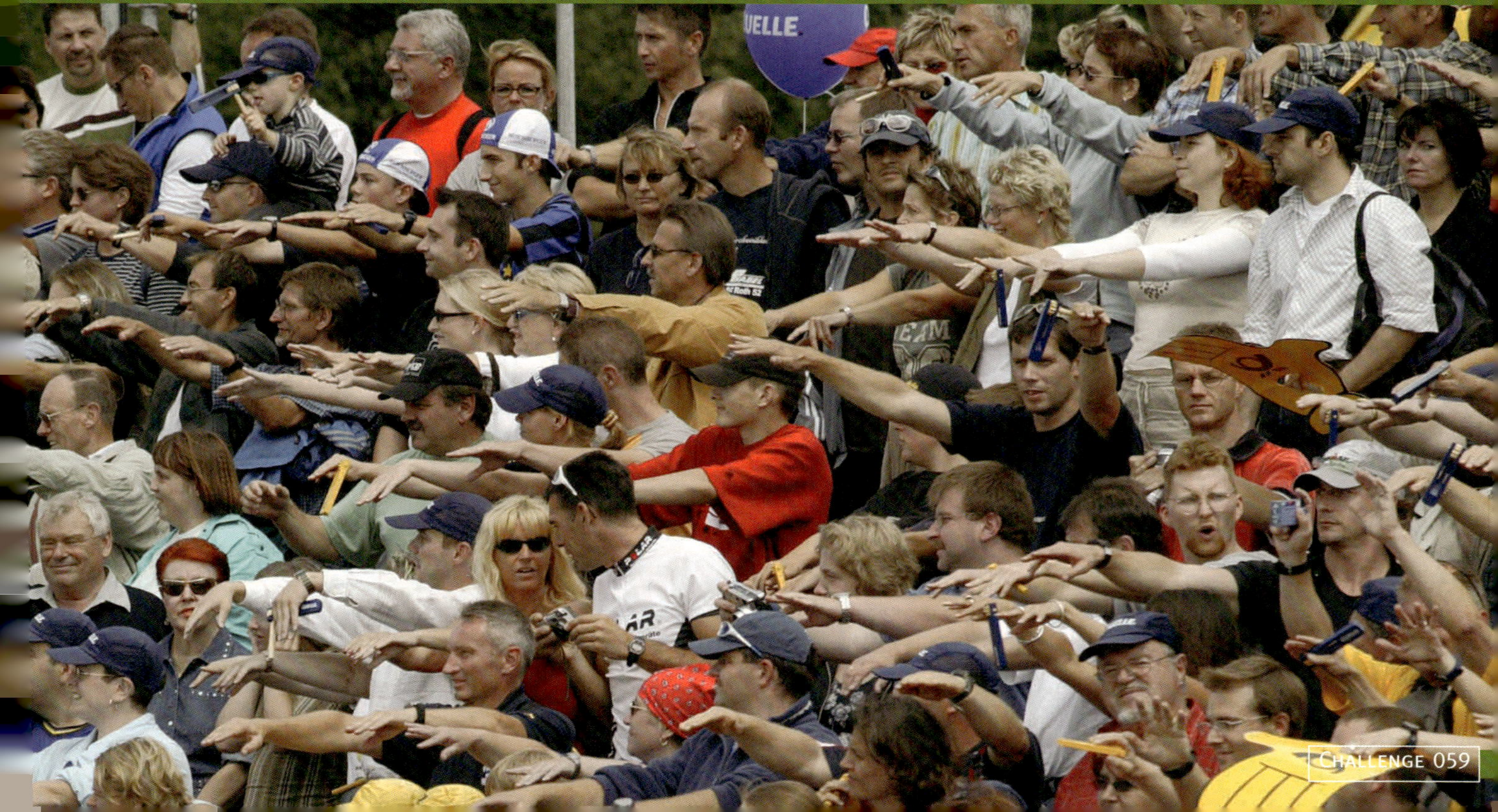
UELLE

CHALLENGE 060

CHALLENGE 061

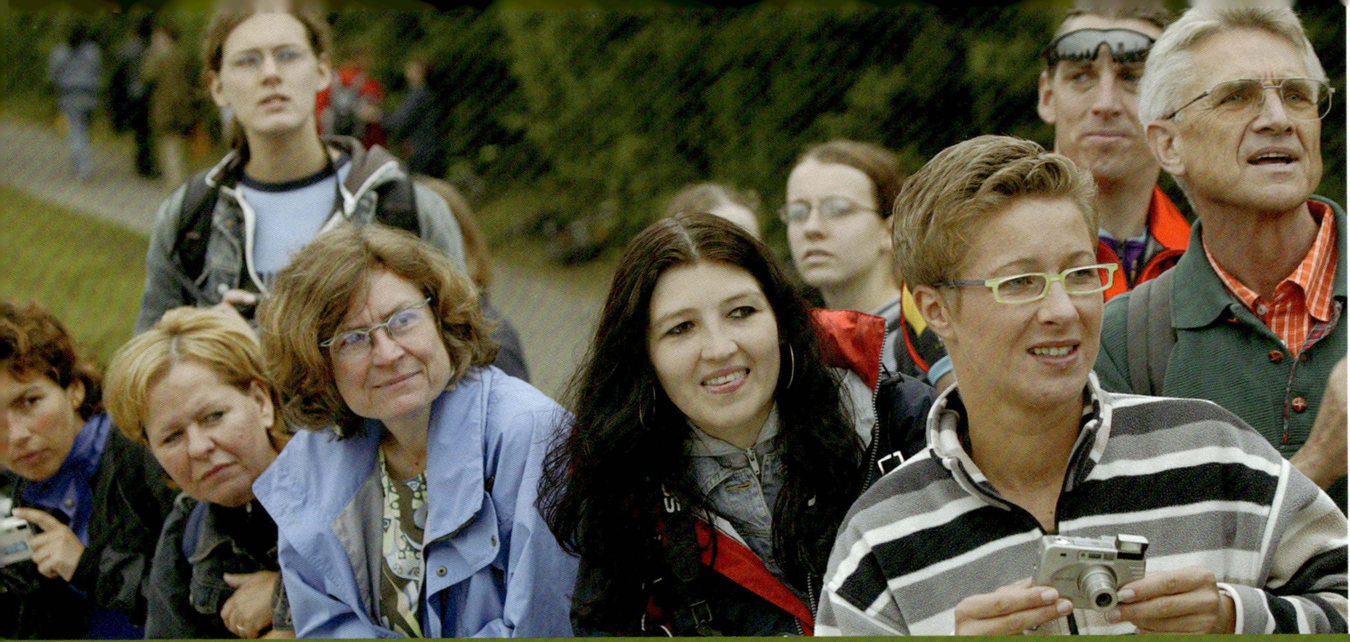

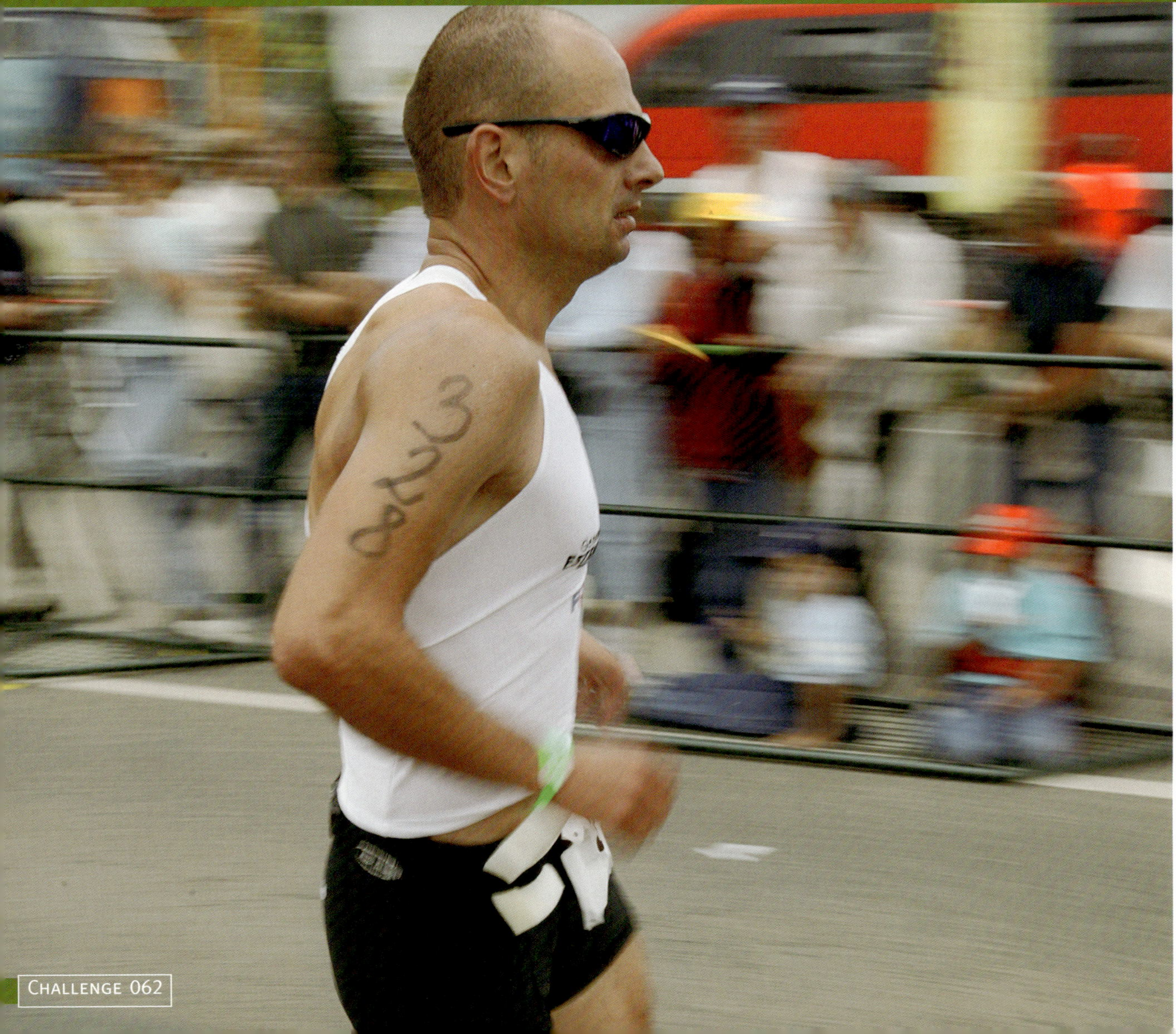

13:33
Csomor winkt ab, wird plötzlich langsam.

13.44
Kaum zu glauben: erneut hat Macca zu Leder aufgeschlossen, hat eine volle Minute Rückstand schließen können.

13:57
Bei Kilometer 31 laufen Macca und Leder genauso Brust an Brust wie die dritt-/viertplatzierten Söderdahl/Chabaud.

14.08
Csomor hinkt, eine Verhärtung im rechten Oberschenkel macht ihr seit einigen Kilometern schwer zu schaffen.

Derweil erlebt Nicole Leder ihre "Wiedergeburt". Weit war sie in den letzten 30 Kilometern der Radstrecke zurückgefallen und wirkte lange Zeit chancenlos. Nun ist sie plötzlich wieder eine der Favoritinnen um den Sieg.

14.19
Nun spricht alles für ein echtes Sprintfinale! Immer noch liegen Leder und McCormack gleichauf, Macca 25 Zentimeter hinter dem Deutschen. Die letzten 1500 Meter von Roth werden vielleicht Geschichte schreiben.

14:37
Kilometer 39 und die letzte Verpflegung.

QUELLE
2

ERDINGER
ALKOHOLFREI
Deutsche Post
World Net
QUELLE
1
QUELLE.
QUELLE
2

QUELLE.
ECLIF
PUSH
2
ERDINGER
ALKOHOLFREI
Deutsche Post
World Net
QUELLE
1

Challenge 065

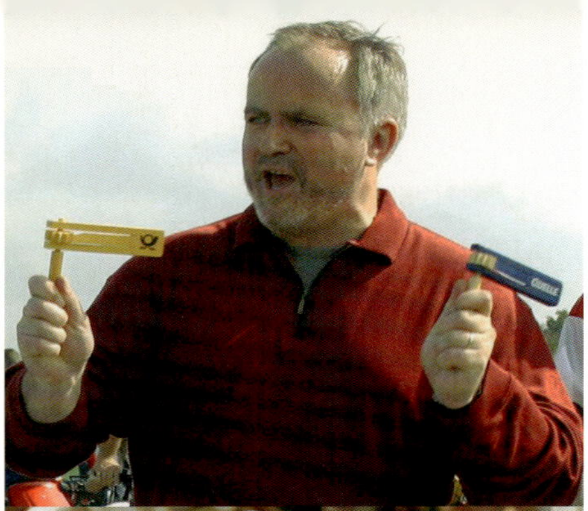

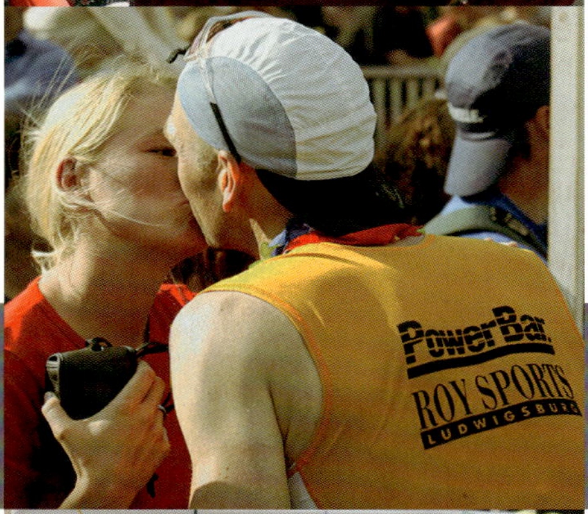
PowerBar
ROY SPORTS
LUDWIGSBURG

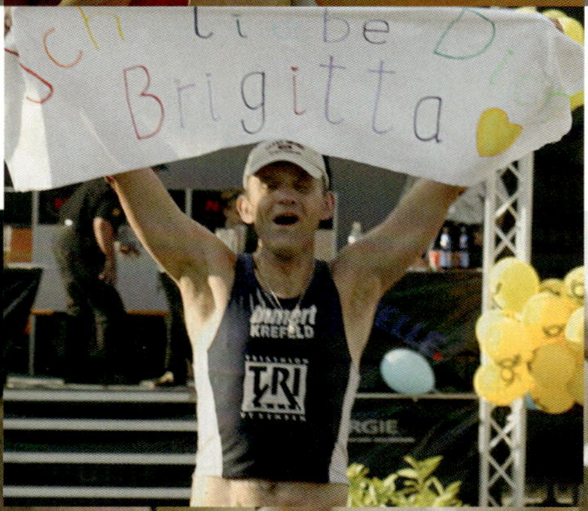
Brigitta
KREFELD
TRI

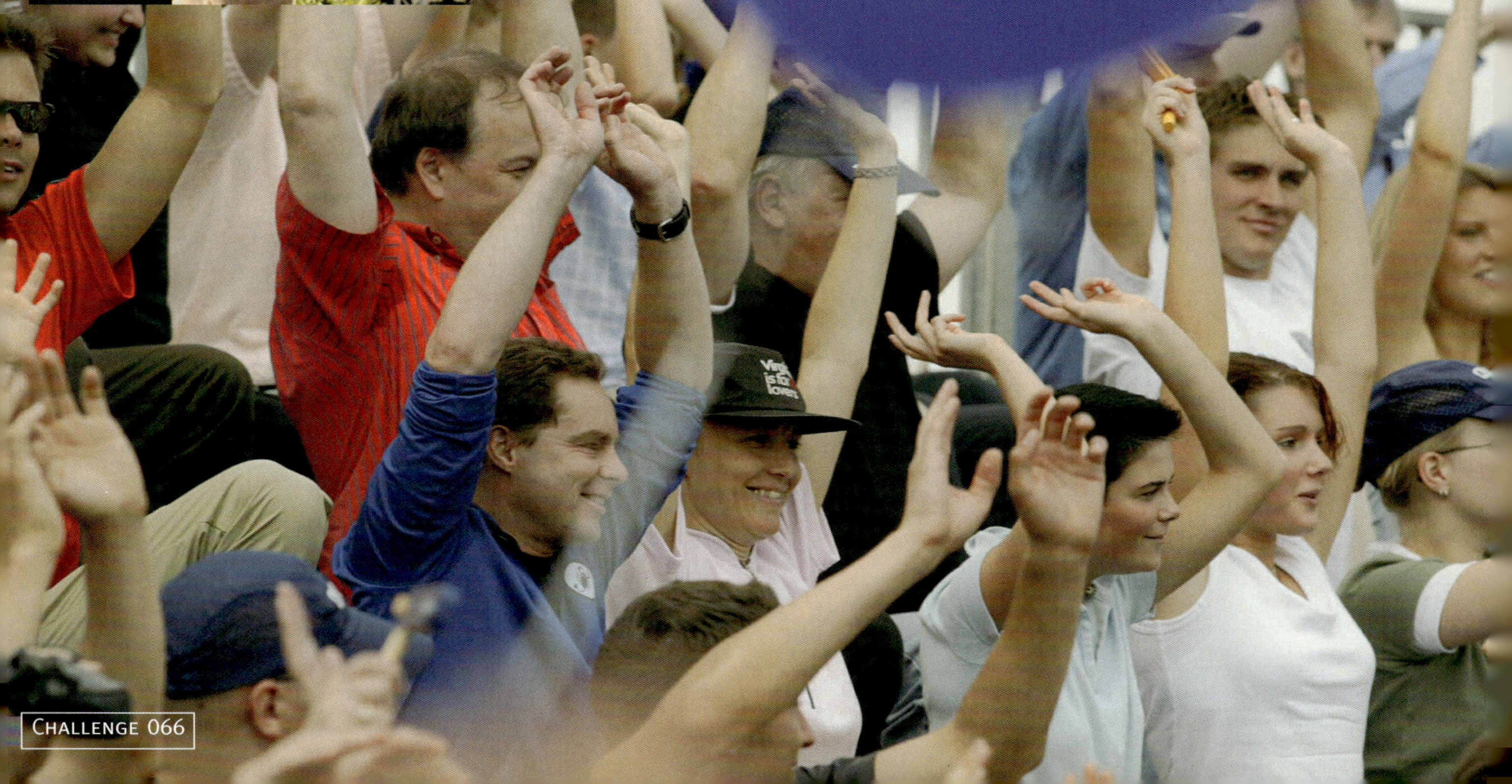

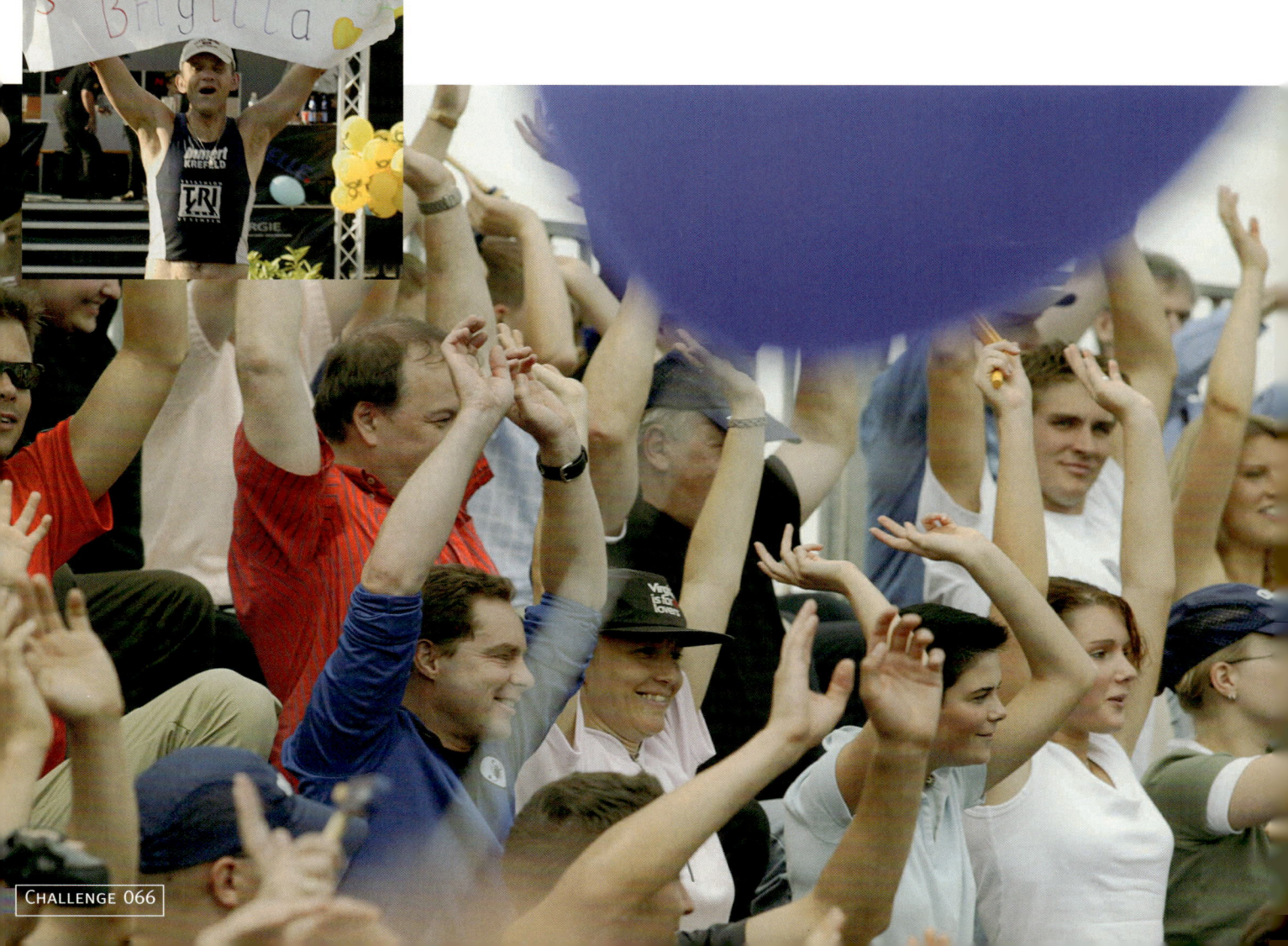

ZIELEINLAUF
...der FINISHER

Lothar Leder	08:11:50
Chris McCormack	08:11:53
Francois Chabaud	08:23:02
Nicole Leder	09:15:01
Heike Funk	09:28:33
Erika Csomor	09:29:16

CHALLENGE 067

14:44
Es ist entschieden, nach einem unglaublichen, dem schnellsten Langdistanzfinale aller Zeiten. In den letzten 500 Metern suchte Leder die Entscheidung – und gewann. Nun werden beide Athleten ärztlich versorgt, liegen am Boden.

14:46
Ein bisschen Show, vielleicht? Nun stehen beide Freunde nebeneinander im Ziel, feiern ein großartiges Rennen in einer hervorragenden Zeit. Sicher, mit der Weltbestzeit wurde es nichts, auch die Acht-Stunden-Marke war früh außer Reichweite. Es war ein taktisches Rennen und 100.000 sind aus dem Häuschen. Auf der Landstraße ist bis nach Roth der Asphalt nicht mehr zu sehen – und das sind immerhin einige hundert gut ausgebaute Straßenmeter.

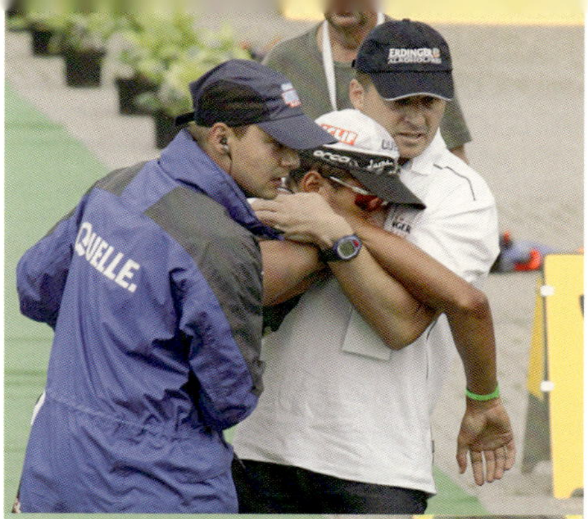
QUELLE.

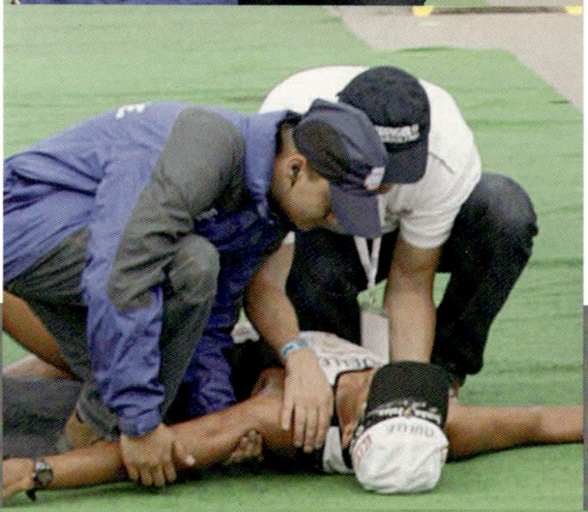

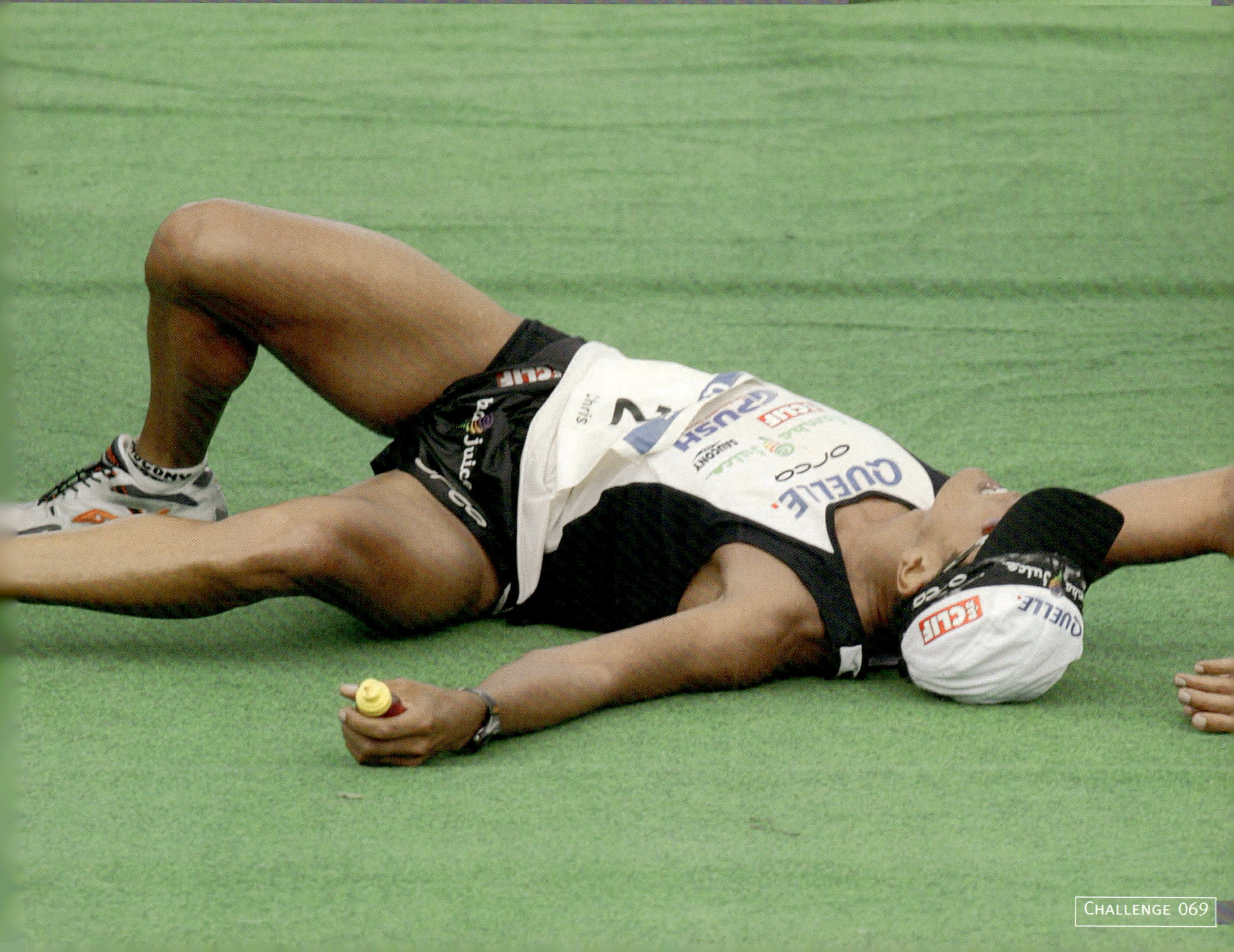
PUSH
QUELLE
orca
CLIF

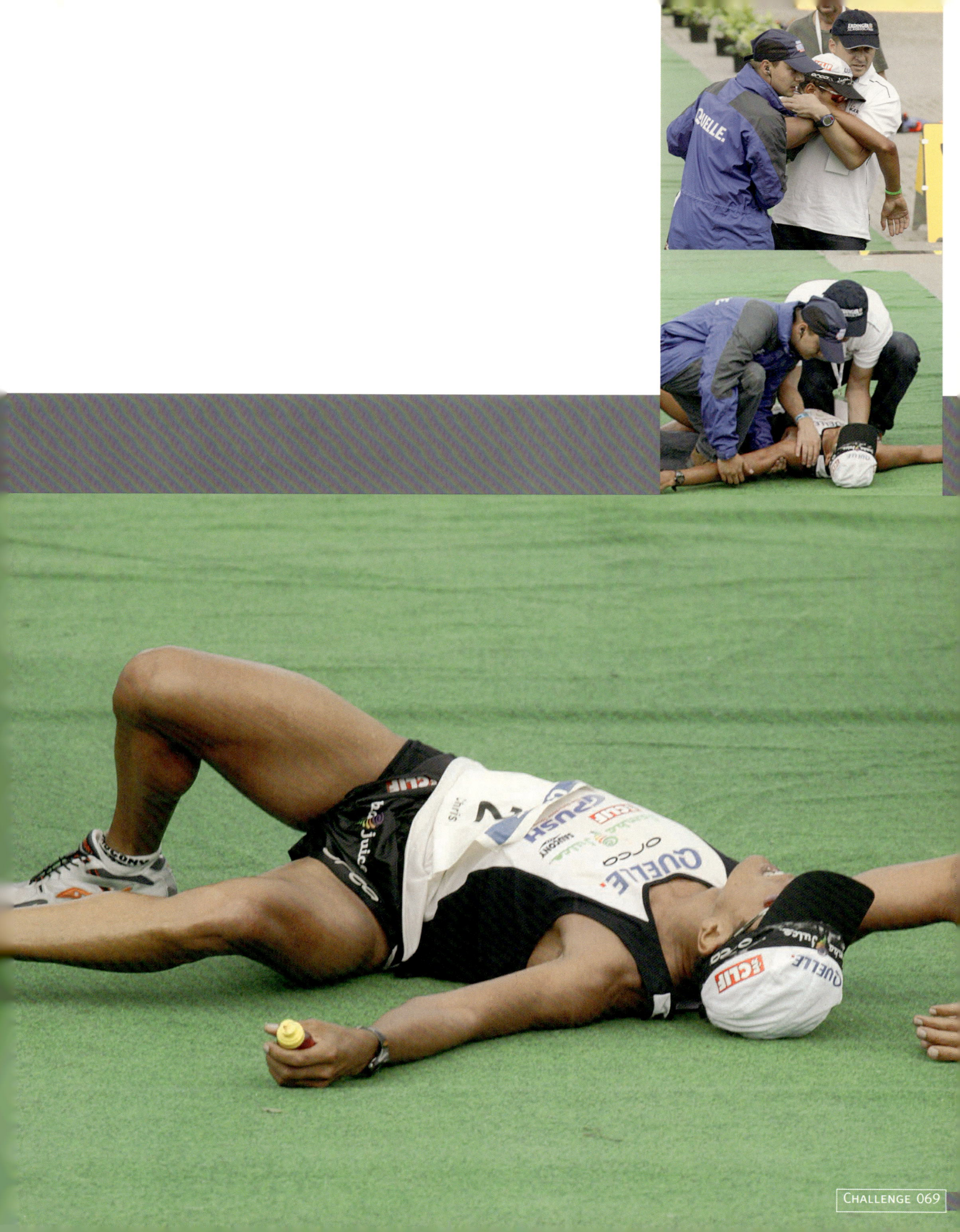

14.52
Chabaud hat es geschafft, er konnte die stundenlangen Angriffe des Finnen Söderdahl abwehren und ist nur noch wenige Meter vom Ziel entfernt. Beeindruckendes Comeback nach der Panne.

Challenge 071

Challenge 072

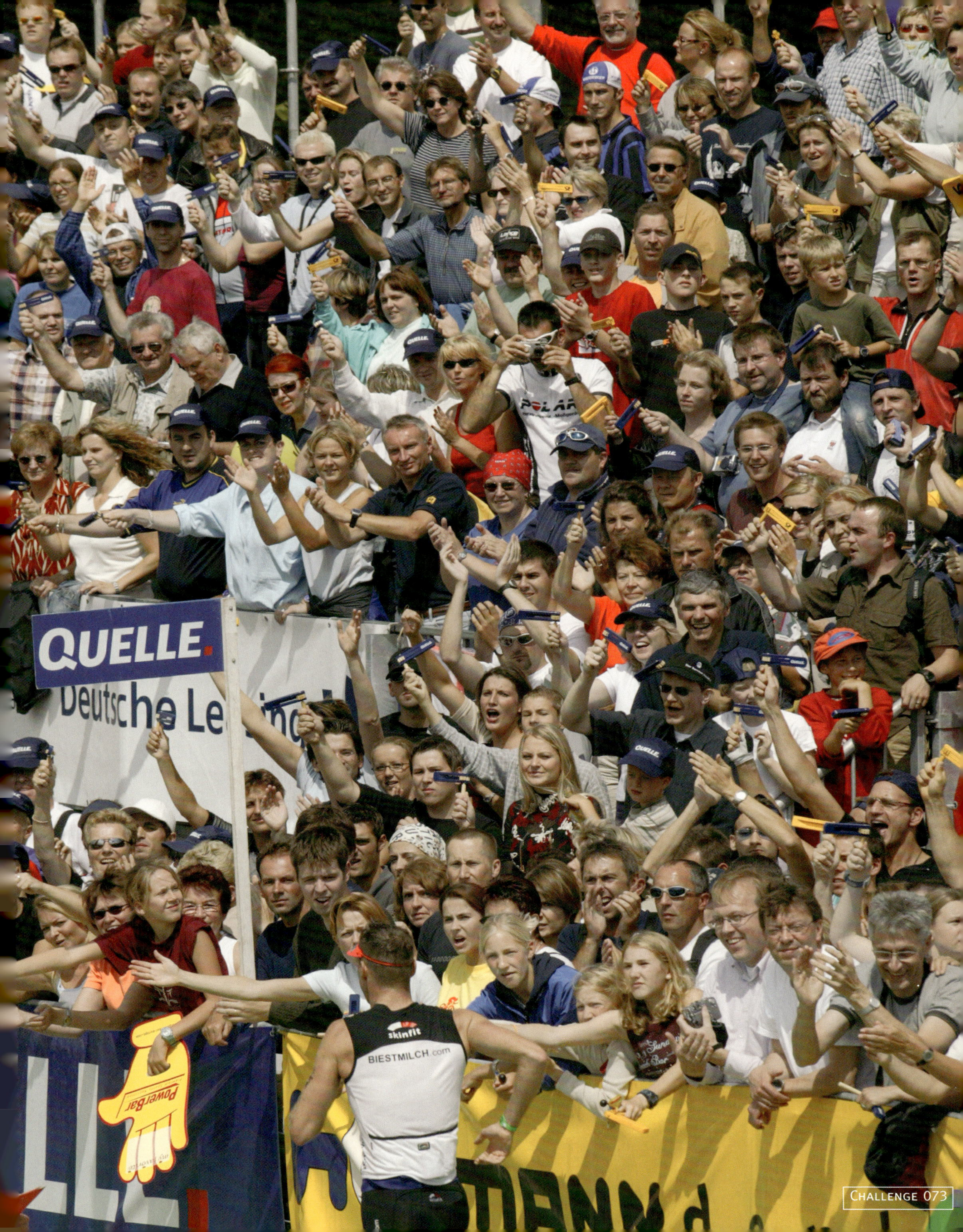
QUELLE.
skinfit
BIESTMILCH.com
PowerBar

CHALLENGE 074

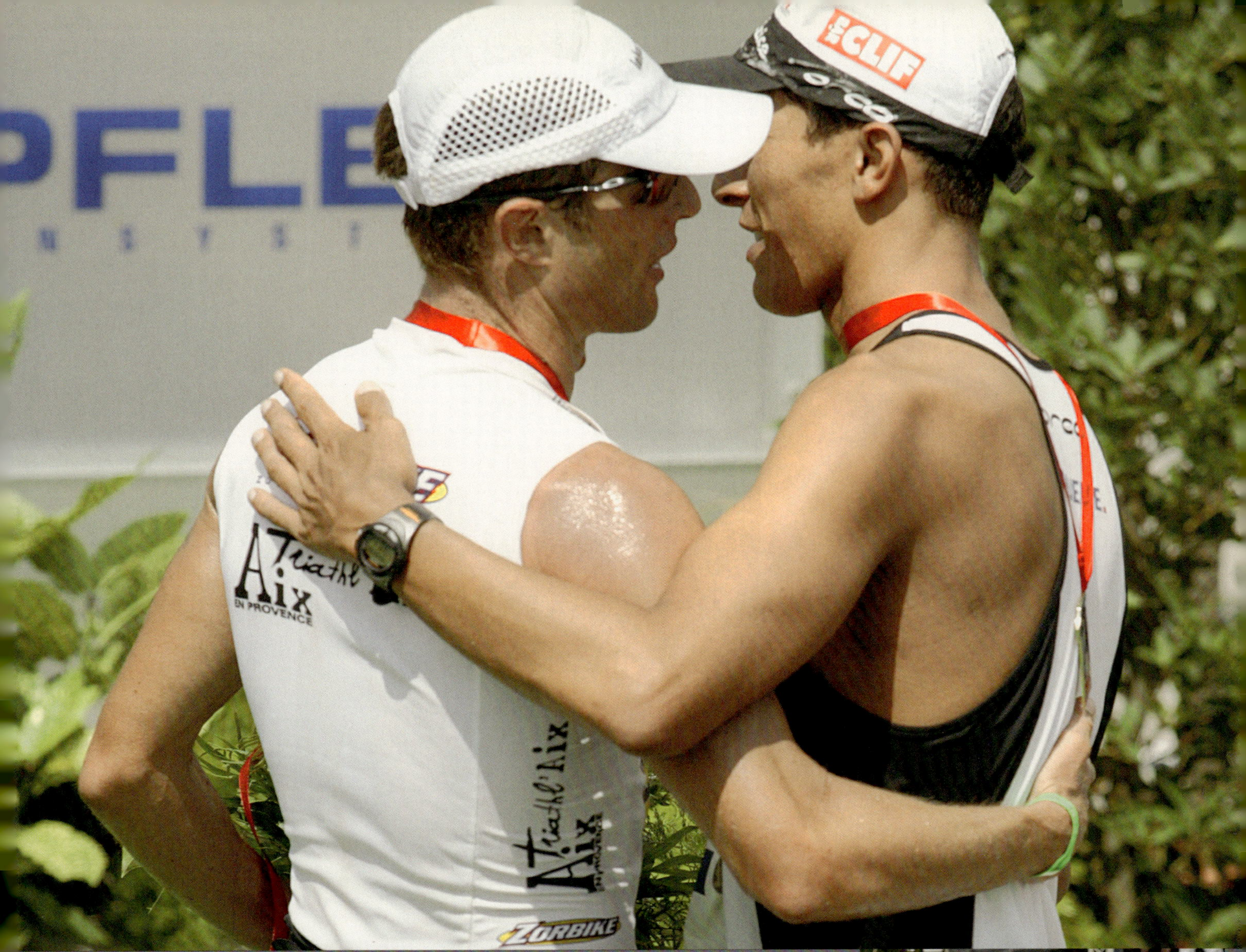
PFLE
CLIF
Triathl' Aix
EN PROVENCE
ZORBIKE

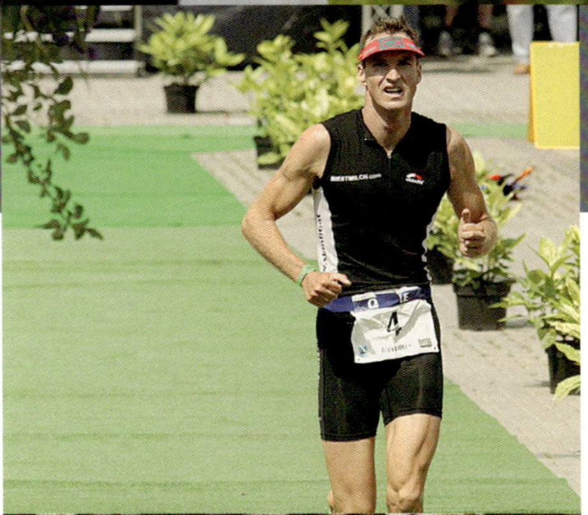
4

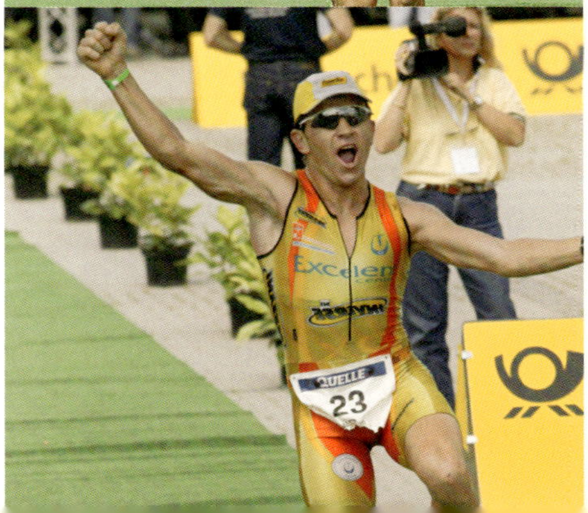
QUELLE
23

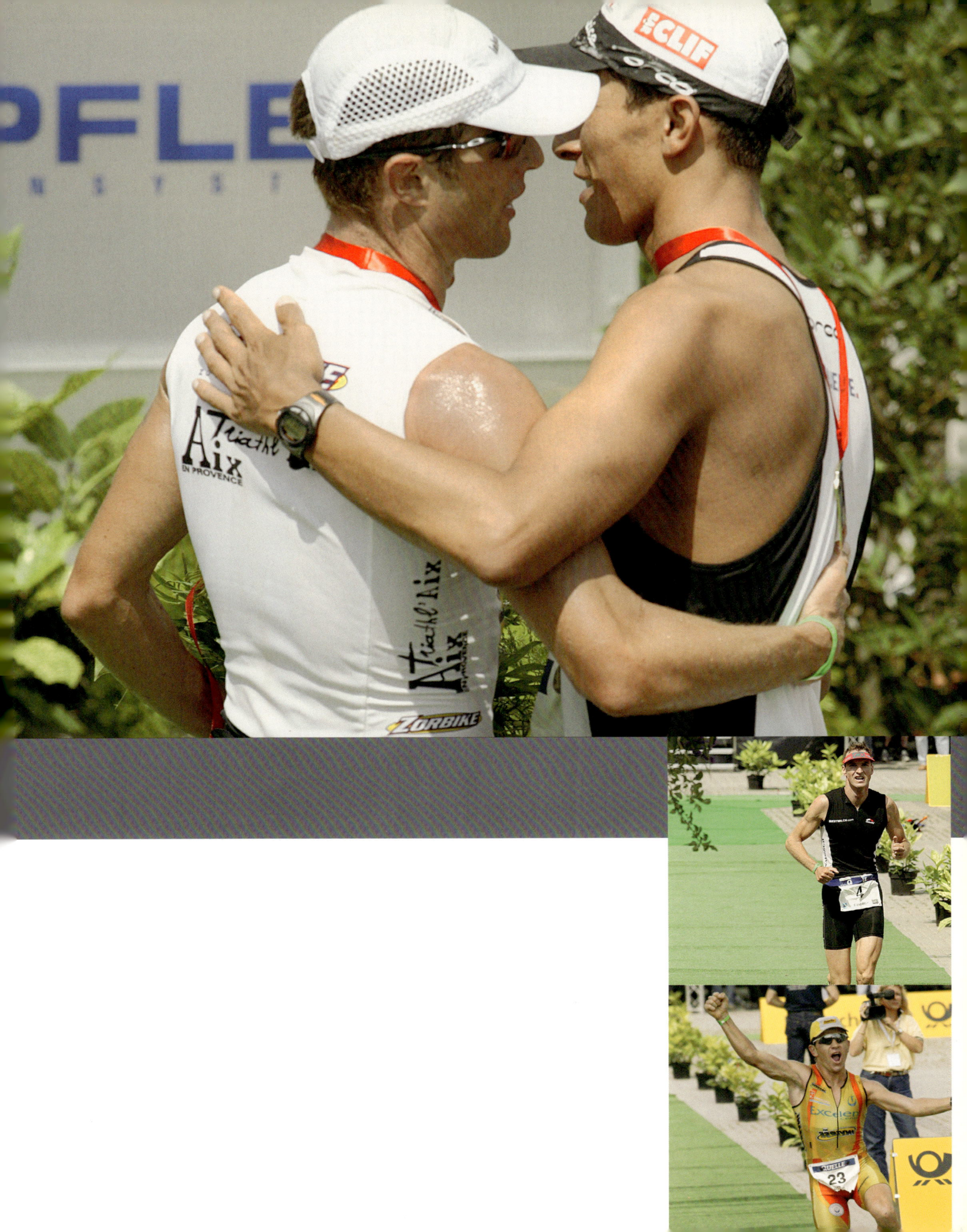

CHALLENGE 076

15.20
Ein unglaubliches Rennen in Roth. Und es sieht so aus, als ob der Kampf um die Top-Spots kein Ende nehmen will. Es sieht alles nach einem Doppelsieg aus, denn wie heißt es so schön? Die Leders kommen! Genau! Nicole führt in den letzten Kilometern mit über sechs Minuten. Aber dahinter will sich Heike Funk einfach nicht geschlagen geben und greift die Ungarin Csomor erneut an. Aus einer Minute Abstand sind erneut dünne neun Sekunden geworden.

15:30
Sechs Kilometer noch bis zur Finishline für Nicole Leder.

15:45
Der Doppelsieg der Leders ist perfekt! Das erste Mal in der Rother Geschichte gewinnt ein Ehepaar das geschichtsträchtige Rennen rund um den Main-Donau-Kanal. Versuche gab es schon einige, zum Beispiel durch das Ehepaar Wanklyn-Glah Anfang der neunziger Jahre. Oder durch die Leders selbst in den vergangenen Jahren. Herzlichen Glückwunsch Nicole, herzlichen Glückwunsch Lothar!

CHALLENGE 078

Challenge 079

Challenge 080

15:58
Und nun ist es Zeit, die kämpferische Heike Funk (9:28:34) im Ziel zu feiern, die Mutter von drei Kindern, Ehefrau des neuntplatzierten Full-Time-Orthopäden Harald. Sie lieferte ein couragiertes Rennen, lag stundenlang in Führung, fiel zurück auf Platz vier, kämpfte sich erneut nach vorn - unglaublich! Genau das meinen die Erfinder des Wortes mit "Titelverteidigung", auch wenn es nicht ganz gereicht hat heute gegen die starke Nicole Leder.

15:59
Erika Csomor, die zweite des Vorjahres, die vor zwei Tagen auf die Frage nach dem auf ihr liegenden Druck humorvoll antwortete: Druck gehört in die Reifen, nicht ins Herz". Sie hatte ein großartiges Comeback nach ihrer Verletzung im Winter, bestritt nur wenige Rennen in der Vorbereitung.

CHALLENGE 082

17:50

Den Einzelstartern sollten sie die Show nicht stehlen, das war klar. Darum hatte der Veranstalter beschlossen, das Rennen der Staffeln aus dem übrigen Renngeschehen aus zu koppeln und deutlich später zu starten. Besser war's, sonst hätten die Teams noch das atemberaubende Duell zwischen Leder und McCormack gesprengt. Hätten sie wirklich: Das Mixed(!)-Team Radsport Greiner/Westallgäu mit Duathlon-Altmeister Roland Ballerstedt reichte zwar an die Radzeit von Lothar Leder (4:27:49) knapp nicht heran, doch Ballerstedts 4:30:09 waren unter den gegebenen Bedingungen sicher eine starke Leistung. 50:42 - 4:27:49 - 2:51:06, fast wäre heute doch noch die Acht-Stunden-Grenze gefallen. Ob sich das Team trotz Titelgewinns nun ein wenig ärgert...?

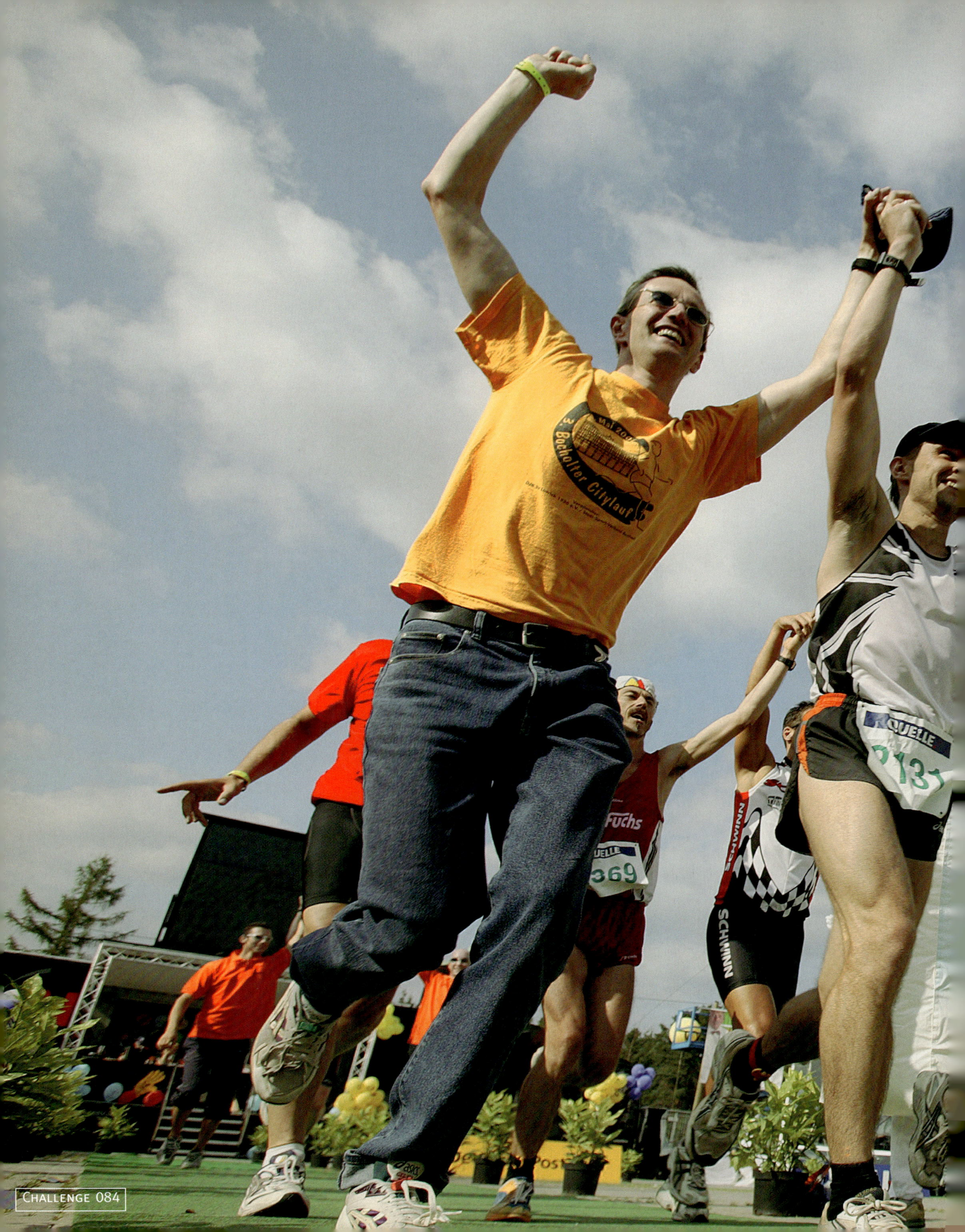
Bocholter Citylauf
Fuchs
QUELLE
369
SCHWINN
SCHWINN

Challenge 085

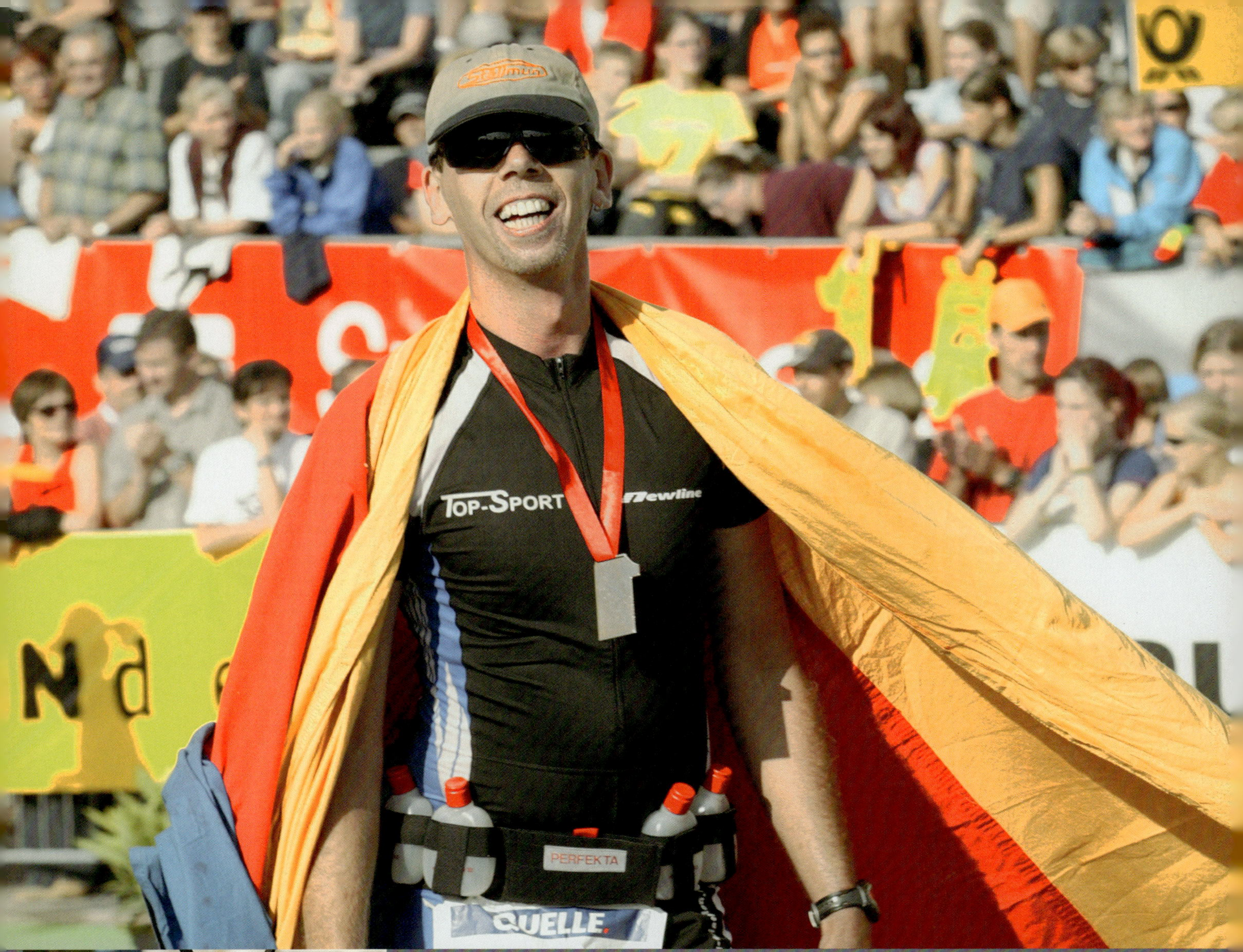
TOP-SPORT
PERFEKTA
QUELLE.

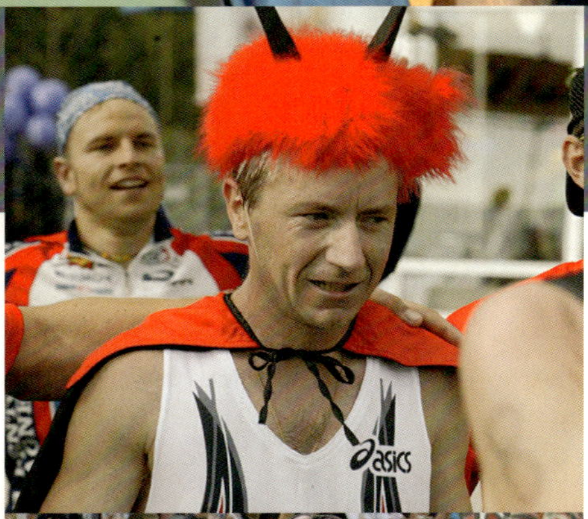
asics

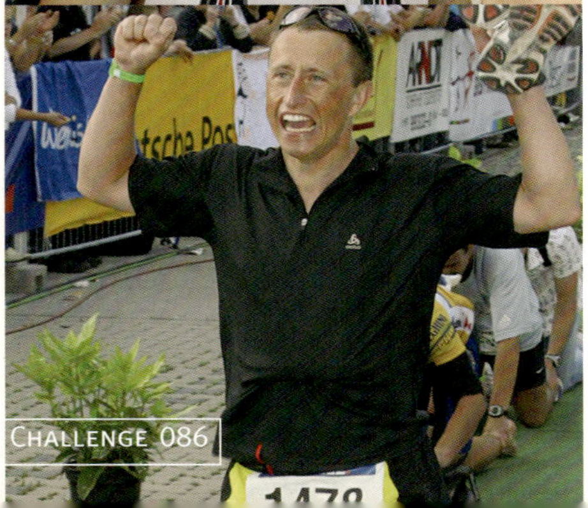

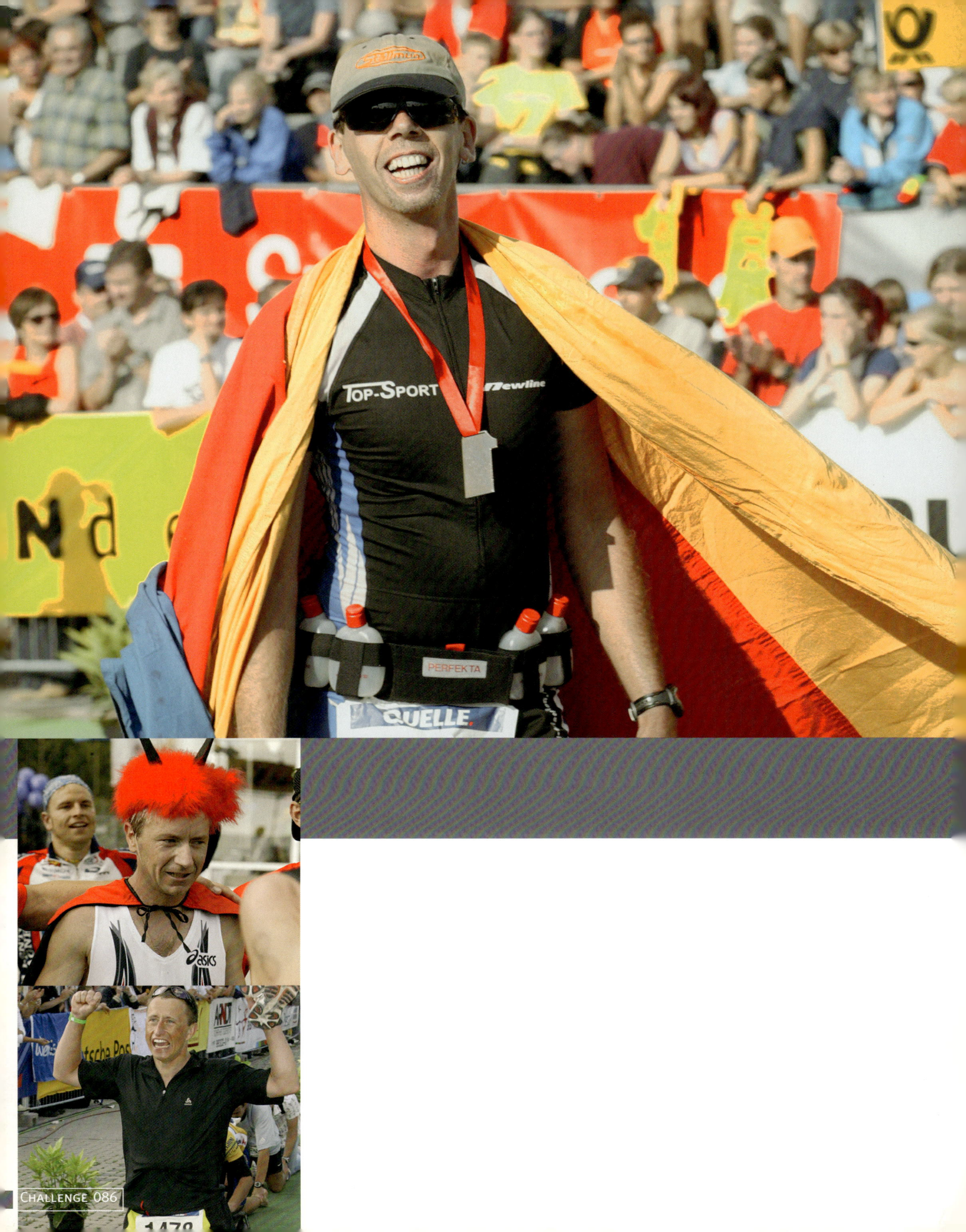

Challenge 087

CHALLENGE 088

Challenge 089

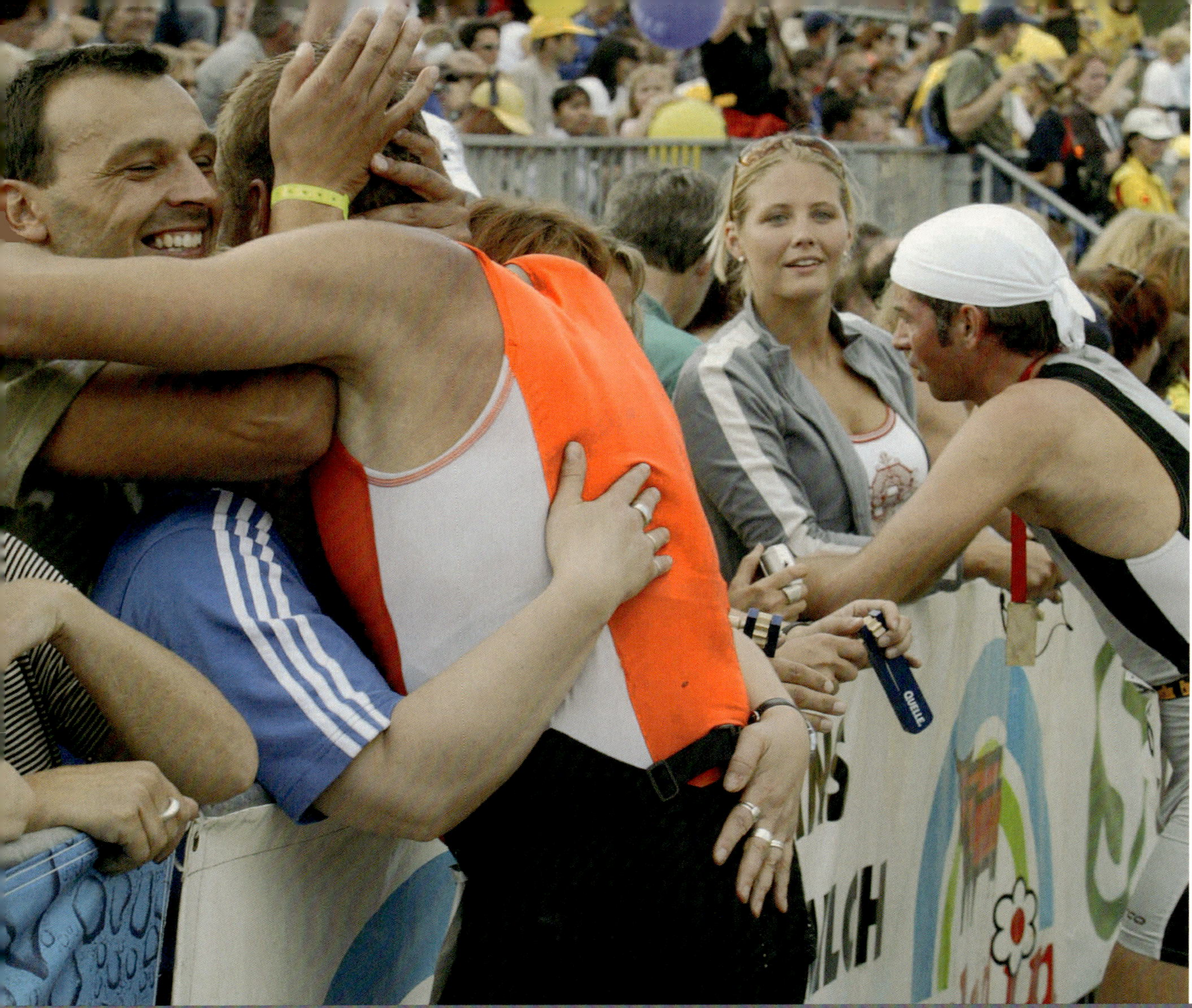

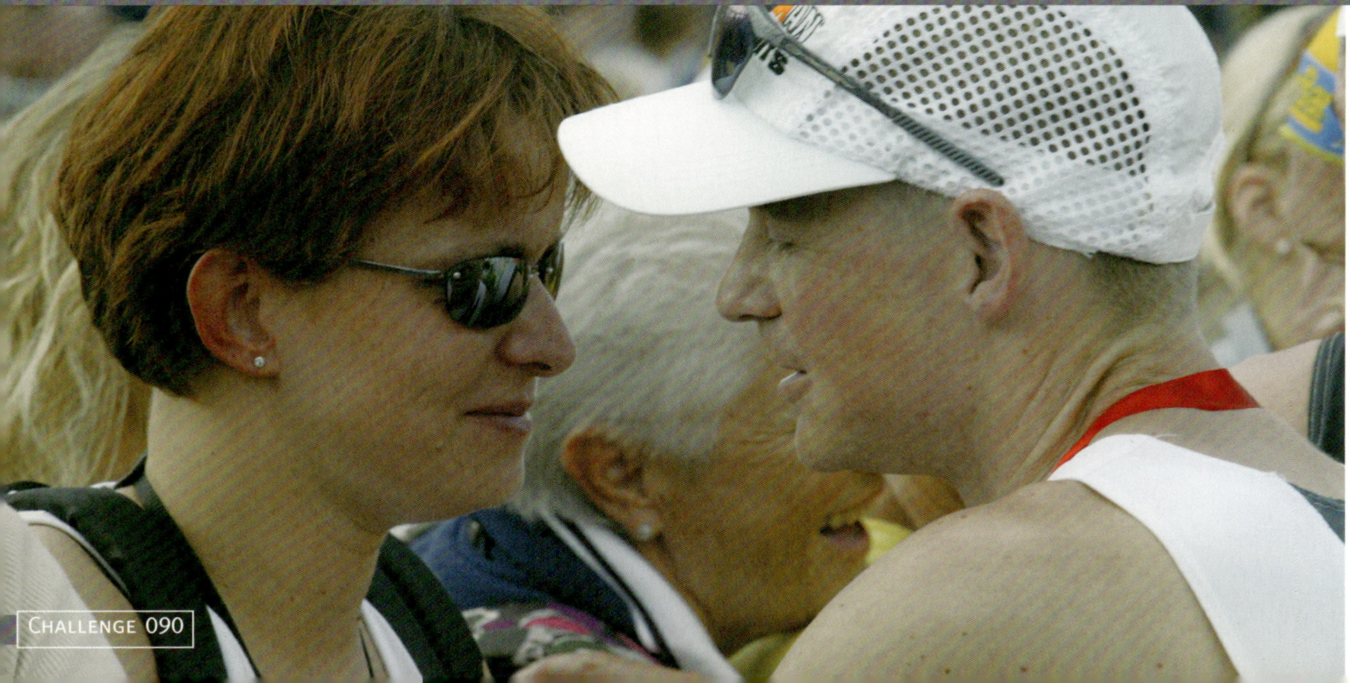

QUELLE.
Flor & Sohn
Neon-Leuchtröhrenfabrik GmbH
LPFLEX
TIMEX
QUELLE
Deutsche Post

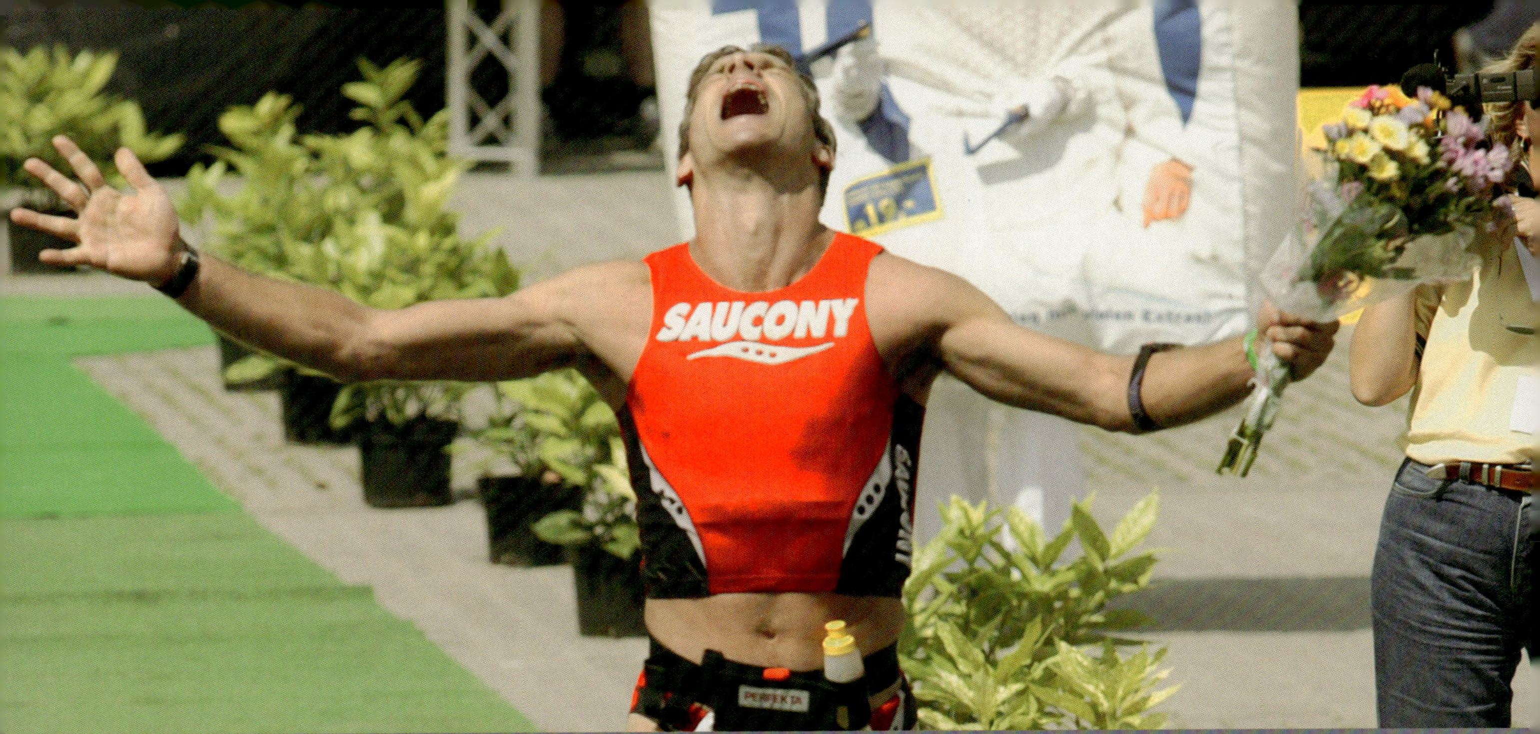
SAUCONY
PERFEKTA

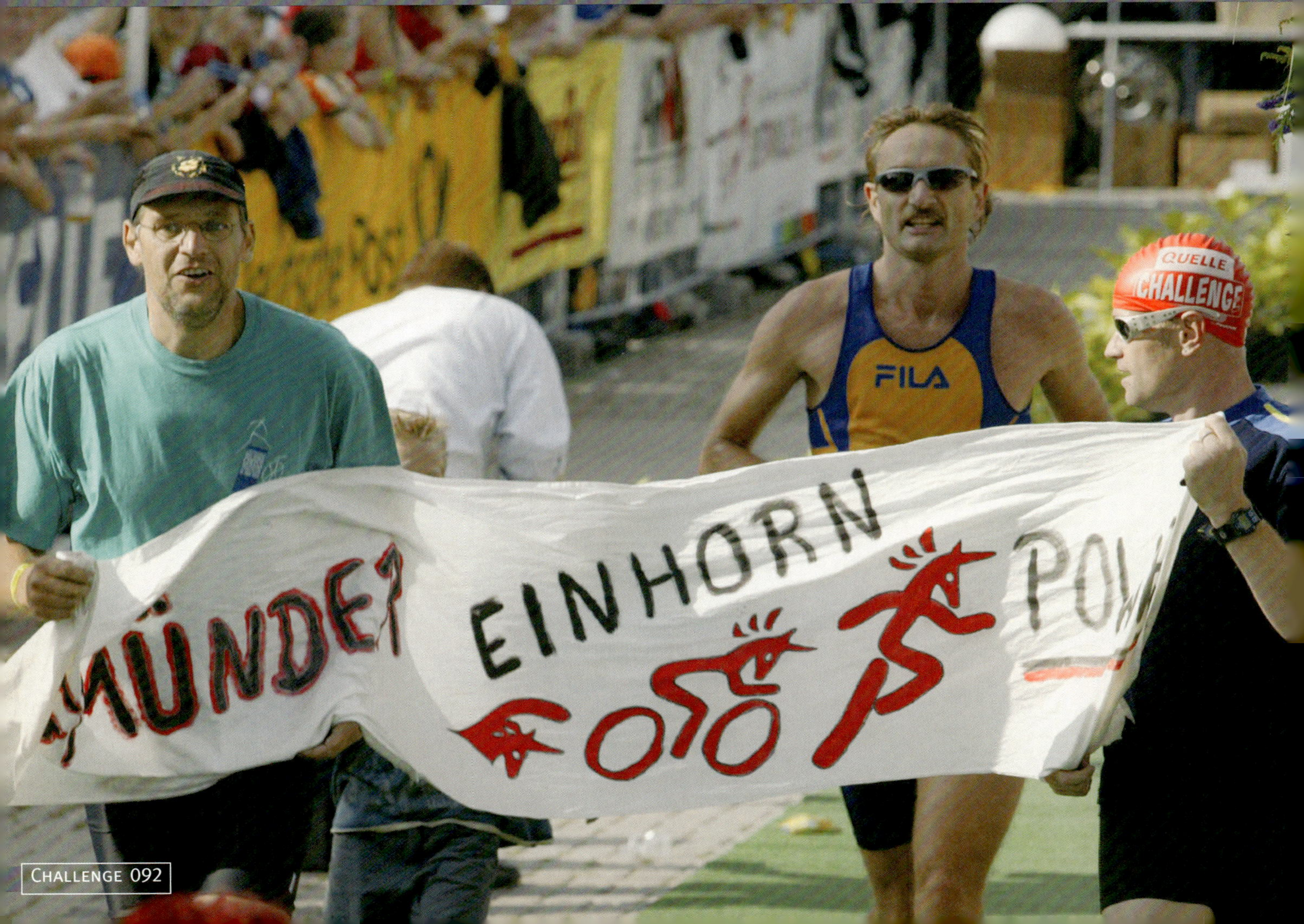
QUELLE
CHALLENGE
FILA
EINHORN

ARNDT
HDI
SC ROTH 52
RADSPORT
FRITZ BUCHSTALLER
www.sport-stadl.com

CHALLENGE 094

CHALLENGE 095

CHALLENGE 096

CHALLENGE 097

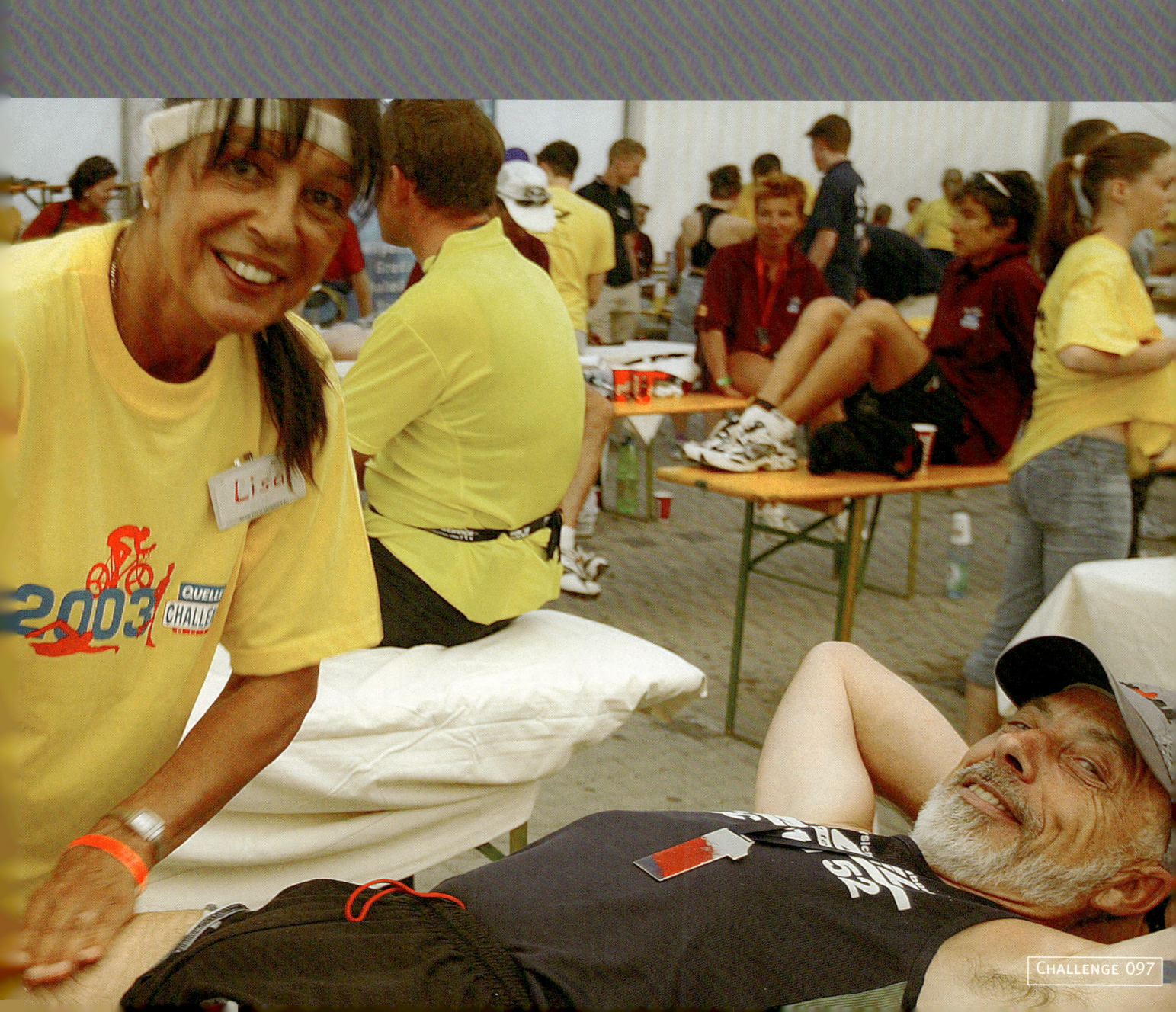

CHALLENGE 098

22:40
Ein ganzer Landkreis feierte den Triathlon - Soeben endete in Roth ein riesiges Spektakel. Die Dramaturgie war perfekt, wie schon seit den Mittagsstunden. Vor vollen Tribünen erreichte "Altstar" Arvid Hager als letzter das Ziel im Zeitlimit. Sekundengenaue Arbeit. In einem großen Feuerwerk, im Schein von zehntausend Wunderkerzen auch ein paar Versprechen: Quelle ist weiter dabei, zunächst bis 2005, McCormack und Chabaud wollen im nächsten Jahr auch wieder dabei sein...

Stimmungsvolle Kompaktpräsentation durch das Bayerische Fernsehen. Schon zum zweiten Mal war der BR in Roth vor Ort, um Triathlon hautnah zu übertragen, wie es sonst an keinem anderen Ort in Europa möglich ist. Schon am Samstag vor dem Rennen lief ein interessanter und stimmungsvoller Beitrag über den Bildschirm, der wohl als "Werbebeitrag" seinen Sinn nicht verfehlt haben dürfte, denn am darauf folgenden Tag pilgerten die Massen nur so nach Roth. Am 6. Juli gab es dann eine 30-minütige Liveübertragung (Bild) mit Moderator und Triathlon-Spezialist Thomas Klinger, eine Liveeinblendung in die "Frankenschau" und für die ARD tolle Bilder für das Sportschau-Telegramm. Abgerundet wurde das BR-Engagement durch einen Bericht in der Sendung "Blickpunkt Sport" am Montag nach dem QCR. Jetzt träumen die Rundfunkräte aus der Region und der Veranstalter von Live-Sequenzen aus Roth mit Schwimmstart um 6.30 Uhr und Zieleinlauf am Nachmittag.

Karnevalistischer Unterhaltungsbeitrag in Schwanstetten. Während das neue Stimmungsnest in Schwand mit seiner sternförmigen Laufstrecke mitten durch den Ort nach den Unterhaltungsprinzipien der Faschingsexperten vom örtlichen Club gemanaged wurden, setzten die Fussballer aus Leerstetten Akzente auf der gleichnamigen Schleuse. Vom Publikum wurden die konkurrierenden Aktivitäten gleichermaßen gut angenommen. Das Experiment der Laufstreckenänderung darf somit als geglückt bezeichnet werden.

19-Stunden-Power und kein bißchen müde. Die Power-vom-Tower-Mannschaft macht aus Ereignissen Inszenierungen. Kaum ein Athlet steigt am frühen Morgen ohne Gänsehaut in den Europakanal, was allerdings nicht an der Wassertemperatur liegt. Am Abend, wenn das Team dann auf dem N-ERGIE-Truck alle Register zieht, schlagen die Stimmungswogen im Triathlon-Stadion auch ohne Kanal ziemlich hoch. Trotzdem reichte es am 6. Juli noch zu einem Gute-Laune-Foto für die Fotografen dieses Buches.

STORIES
STORIES rund um das Rennen

Beste Aussichten im Triathlonbereich darf sich Biestmilch.com in Zukunft ausmalen. Jens Dschunke-Galley (links), Arne Schumacher (Mitte), und Dr. Susann Kraeftner waren dieses Jahr mit großer Begeisterung in Roth, um die Leistungen der Biestmilch-Starter (unter anderem Lothar Leder und Alex Taubert) zu beobachten, aber auch, um zu sehen, wie die Produkte der noch jungen Firma von den Aktiven angenommen werden.

Gute Orientierung hatte im Jahre 2003 einen Namen: Burkhartsmaier, der Malerprofi aus Roth, lenkte mit einem regelrechten Schildersortiment die Massen an die richtigen Stellen. Oft entstanden die Hinweisschilder wie von Geisterhand über Nacht, dann hatten seine Töchter Nicole und Tina die Hände im Spiel. Sahnehäubchen waren aber die Burkhartsmaier-Hebebühne im Stadion für schöne Fotografen-Aussichten und –Einsichten und ein kostenloser Radparkplatz direkt am Veranstaltungsgelände.

Bravuröse Leistungen erbrachten die beiden "Challenger" der Zeitschrift Triathlon. Chefredakteur Frank Wechsel und sein Team hatten die Teilnahme am QCR 2003 in der Triathlon-Zeitschrift ausgeschrieben und bekamen sage und schreibe 340 umfangreiche und originelle Bewerbungen. Den Novizen winkten Gesundheitschecks und Topausrüstung. Nach monatelangen Vorbereitungen und viel Freude beim Training finishten die beiden in respektablen Zeiten: Thomas Keller in 11:29:06 und Frauke Petersen in 11:59:44 Stunden. Kein Wunder, dass Macca gleich mit Glückwünschen zur Stelle war.

Marathonmässige DVD-Zeiten wurden beim 2. Quelle Challenge Roth beworben. Philips brachte pünktlich zum QCR einen DVD-Rekorder auf den Markt, der sage und schreibe acht Stunden Spieldauer gewährleistet – genug für eine schnelle Langdistanz. Dass für eine solche Werbeaktion nur Roth ausgewählt werden kann, versteht sich fast von selbst, denn wo sonst sind im Race-Archiv so viele Zeiten knapp unter acht Stunden verzeichnet, und wo sonst ist für so viele Fans eine mögliche Zeit unter diesem legendären Limit ein Diskussionsthema. Übrigens knipste Philips mit riesigen Ballons dem Bayerischen Rundfunk quasi das Licht im Stadion für eine TV-Liveübertragung an. Die dauerte aber leider keine acht Stunden.

Rasche Entscheidungen waren schon zwei Tage nach dem Rennen in Roth angesagt, denn Superstar Chris McCormack unterschrieb noch vor seiner Abreise nach San Diego einen Zweijahresvertrag für den Start beim QCR im Rahmen einer gemütlichen Garten-Grillparty bei Veranstalter Herbert Walchshöfer. Das Großversandhaus Quelle hatte vorher mit der Verlängerung des Titelsponsorvertrages die Initialzündung ausgelöst.

Bierige Zeiten waren dieses Jahr in Roth angebrochen, und es wird noch ein paar Jahre so bleiben. ERDINGER ALKOHOLFREI als neuer Sponsor ließ es sich nicht nehmen, die Teilnehmerinnen und Teilnehmer mit ihrem Spezialprodukt gleich nach dem Zieleinlauf zu verwöhnen. Für alle 2.600 Aktiven hat es aber nicht gereicht, denn ERDINGER ALKOHOLFREI kam so gut an, dass um 20 Uhr erst einmal Feierabend mit der flüssigen Athletenverpflegung war. Ob's an der Dusche von Lothar Leder gelegen hat? Jedenfalls darf man getrost konstatieren, dass es im Gegensatz zu der Erkenntnis "Es gibt kein Bier auf Hawaii" in Roth sehr wohl nächstes Jahr wieder reichlich zu trinken gibt.

Medizinische "Eingreiftruppen" rund um Wettkampfleiter Dr. Thomas Horbach standen auch in diesem Jahr wieder bereit, um da zu helfen, wo Not am Mann oder Frau war. In Athletenkreisen gilt die medizinische Abteilung des QCR als gerne akzeptierte Rückzugsstation zum Wiederaufladen der Akkus. Insgesamt 32 Ärztinnen und Ärzte sowie Helfer in Weiß assistierten den "Challengedocs". Übrigens – der Triathlon in Roth mit seiner medizinischen Abteilung war schon wieder Gegenstand einer Doktorarbeit.

Alte Liebe rostet nicht meinte der Ex-Triathlonprofi Bennie Lindberg, 39, der durch zurückliegende Triathlon-Erfolge auf der Langstrecke und durch die Liebe nach Roth verschlagen wurde. Seine letztjährige Teilnahme am Gigathlon in der Schweiz (25 Kilometer Schwimmen, 303 Kilometer Mountainbike und 795 Kilometer Rennrad fahren, 173 Kilometer Inlineskaten und 181 Kilometer Laufen), den er als Zweitbester beendete, brachte den sympathischen Finnen wieder in die Schlagzeilen – und zum Quelle Challenge Roth. „Schließlich ist es an der Zeit, jetzt ein Signal für Roth zu setzen!", sprachs und finishthe am 6. Juli 2003 auf Rang 21 in der Klasse-Zeit von 9:08.34 Stunden.

Schnelle Vorgaben wurden bereits Tage vor dem Rennen gesetzt, indem Bryan Rhodes und Chris McCormack mit einem feuerroten Ferrari durch die fränkischen Lande brausten. Dass sie dabei die schnelle 8-Stunden-Zeit von Roth für das Rennen im Auge hatten, weiß niemand so recht. Auf jeden Fall war es ein schönes Omen für ein dann doch schnelles Rennen.

Rekordverdächtige Zugriffe auf das QCR-Internetangebot konnte Dr. Heinz Weber (im unteren Bild bei einer mitternächtlichen Stärkung mittels Apfel) von der MEDITOS GmbH, Erlangen, verzeichnen. Durch den Einsatz von MOBOTIX-Kameras nahmen mehr als 1,5 Mio Live-Zuchauer an der unvergleichlichen Atmosphäre des Rennens teil. Die Videokonferenz-Systeme von Nisslbeck Communication Systems GmbH ermöglichten 60.000 Zusehern das unmittelbare Dabeisein beim Schwimmen und im Zielbereich. Schließlich leistete auch die Firma LUXAV – Audiovisuelle Kommunikation GmbH mit excellentem Equipment einen wertvollen Beitrag zum Gelingen der Internet-Performance, die alles in den Schatten stellte, was im Triathlon-Bereich bisher geboten war. Insgesamt klickten sich über die Triathlon-Tage bei "challenge-roth.de" rund sechs Mio User ein. Während beispielsweise an anderen Triathlon-Schauplätzen normale Verkehrsüberwachungskameras für eine "Übertragung" sorgen, setzt Roth Jahr für Jahr neue Massstäbe. Erstmals gab es einen viersprachigen Live-Ticker in enger Zusammenarbeit mit dem online-Dienst "tri2b.com", der die Highlights des Rennens auch journalistisch umsetzte (nachzulesen in diesem Buch). "Altstar" Wolfgang Dittrich (Bild unten) war extra aus USA angereist, um das spannende Rennen als Live-Kommentator zweisprachig zu begleiten.

Geglückter Fischzug für eine gelungene PR-Präsentation des Großversandhauses sagten sich die Manager von Quelle (auf unserem Bild Gerhard Zahn, zuständig für die Sponsoringaktivitäten des Hauses) nach dem furiosen Finale von Roth. Ganze drei Sekunden war der von Quelle gesponserte Weltklasse-Triathlet Chris McCormack hinter Lothar Leder durch das Ziel gelaufen. Und wie sagte Lothar Leder bei der abschließenden Pressekonferenz?: "Bei diesem Rennen gab es keinen Zweiten, sondern nur zwei Sieger". Bei einer solchen Geste spielt es keine Rolle mehr, wie das "Duell" Post gegen Quelle ausgegangen war.

Learning by doing sagt sich die amerikanische Journalistin Amy White und meldete für den QCR. Dass ganz nebenbei auch noch eine tägliche Kolumnne für Ihren onlinedienst "Triathlon informer" "www.triathloninformer.com" geschrieben wurde, sei zur Freude vieler amerikanischer Triathleten (und des Veranstalters in Roth) nur am Rande erwähnt.

Freundlicher Ministerempfang für Drittplatzierte. Dr. Manfred Weiß, der sonst in seiner Eigenschaft als Bayerischer Staatsminister der Justiz eher weniger mit Sportlern zu tun hat, empfing die Dritte des diesjährigen QCR, die Ungarin Erika Csomor, an der Finishline mit Blumengrüßen. Letztlich passten beide aber doch ganz gut zusammen, denn die Marathonspezialistin wird vom Sicherheitsunternehmen Arndt gesponsert, was wiederum nun doch mit der beruflichen Thematik des Ministers aus Roth zu tun hat.

Begeisterungsfähige Musikspezialisten waren bei der zweiten Auflage des Quelle Challenge Roth am Werke. Roy Hahn, seit 15 Jahren Akustikausstatter für den Triathlon in Roth, sah sich 2003 mit dem Ausweichareal am P+R-Platz in Roth einer besonderen Herausforderung gegenüber. Nicht nur, dass er alle Beschallungsprobleme so gut wie nie zuvor löste, schließlich stand er auch noch von morgens 5 Uhr bis Mitternacht persönlich am Mischpult, um so beste Qualität zu gewährleisten. Die war insbesondere von DJ Michael Zahn gefordert, der zum fünften Mal in Roth auflegte. Ergebnis der musikalischen Kooperation: In den Tagen nach dem Rennen gingen über 30 Anfragen nach der in Roth gespielten "Gänsehaut-Musik" ein.

Verschobene Pensionierung für Willi Dänzer. Der für den Einsatz der Wettkampfrichter zuständige Wettkampfleiter Willi Dänzer hat seine "Pensionierung" beim QCR um einige Jahre verschoben. Noch nie vorher ging ein Wettkampf in Roth unter dem Gesichtspunkt der Regularien der Deutschen Triathlon Union so geschmeidig über die Bühne, wie in der zweiten Auflage des QCR. Dänzer hatte sein besonderes Augenmerk auf die Abwicklung der gleichzeitig stattfindenden Deutschen Meisterschaft gerichtet, die in Roth bis 2005 stattfindet.

Wer über Triathlon in Roth spricht, denkt unweigerlich an Weltbestzeiten. Und die purzelten bereits, als hier 1988 die erste Ironman-Veranstaltung stattfand. Seither wurde die Arbeit der Veranstalter in Roth durch glänzende Starterfelder und die dazugehörigen Top-Zeiten gekrönt. Daran hat sich über den Markenwechsel hinweg nichts geändert, denn nach wie vor kommen die Stars der Szene nach Roth, um hier ihre Visitenkarte abzugeben. Die Dramatik des Rennens vom 6. Juli 2003, bei dem überdies so viele internationale Stars wie sonst nirgendwo in Europa am Start waren, ist ein weiterer Beleg für die Klasse des Triathlon-Standortes Roth. So kommt es zwangsläufig, dass Mitbewerber förmlich von Weltbestzeiten träumen – manchmal auch voreilig verkünden – während die Weltstars in Roth ihr Publikum mit Spitzenleistungen verzaubern.

Streckenpläne

Schwimmstrecke

SCHWIMMSTRECKE
SWIM COURSE
3800 m (Main - Donau - Kanal)

Radstrecke

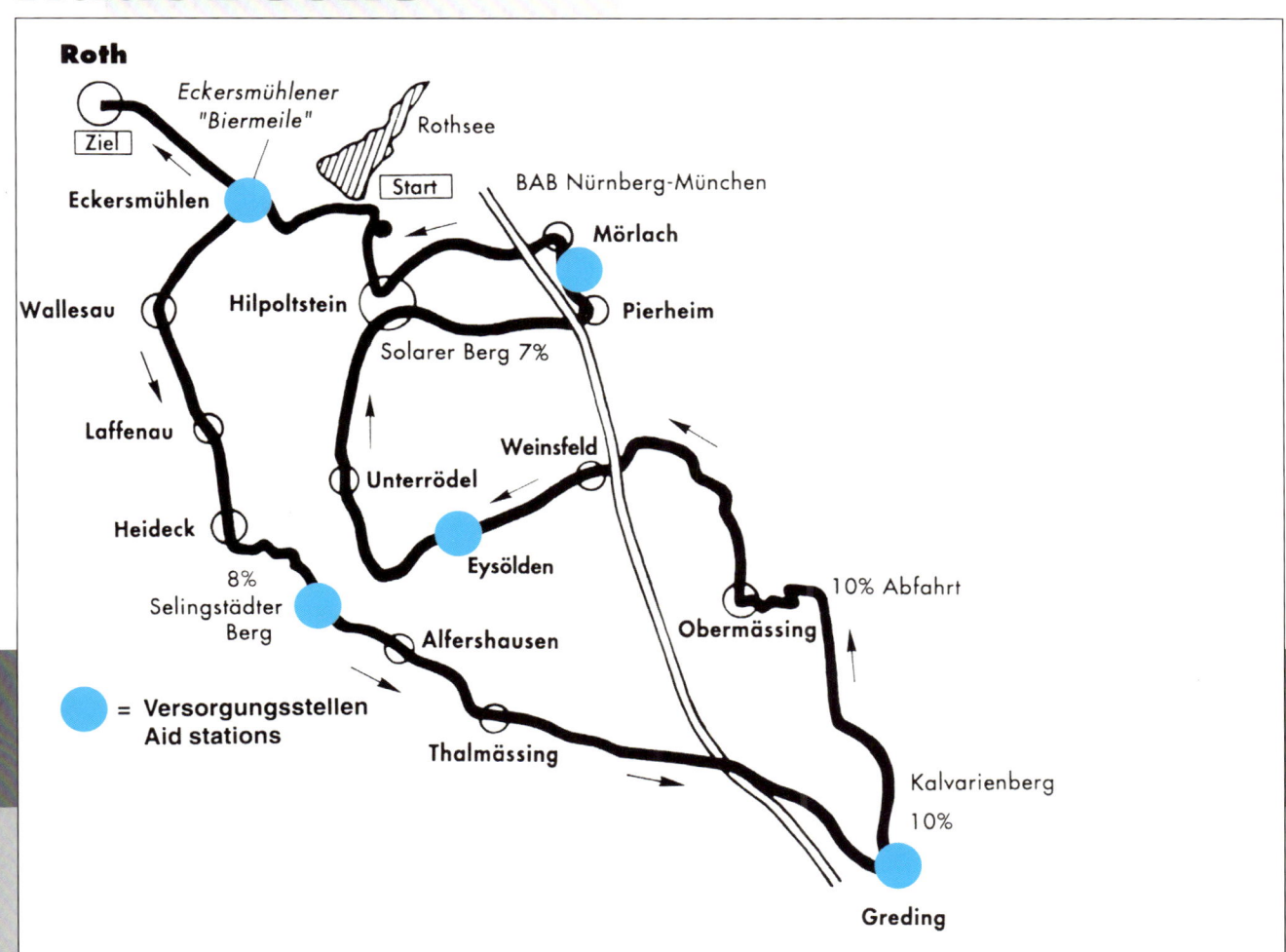

Radstrecke 180 Kilometer (2 Runden à 86,5 km, zzgl. 7 km von der Lände Hilpoltstein (Start) nach Roth (Ziel).

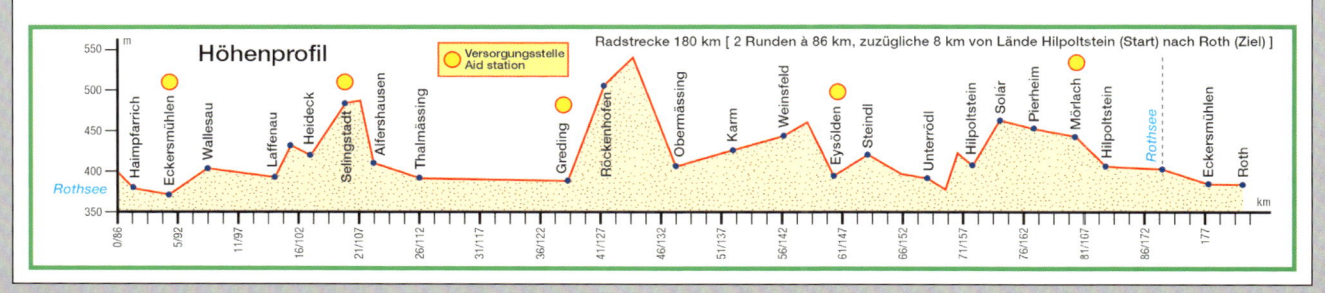

Laufstrecke

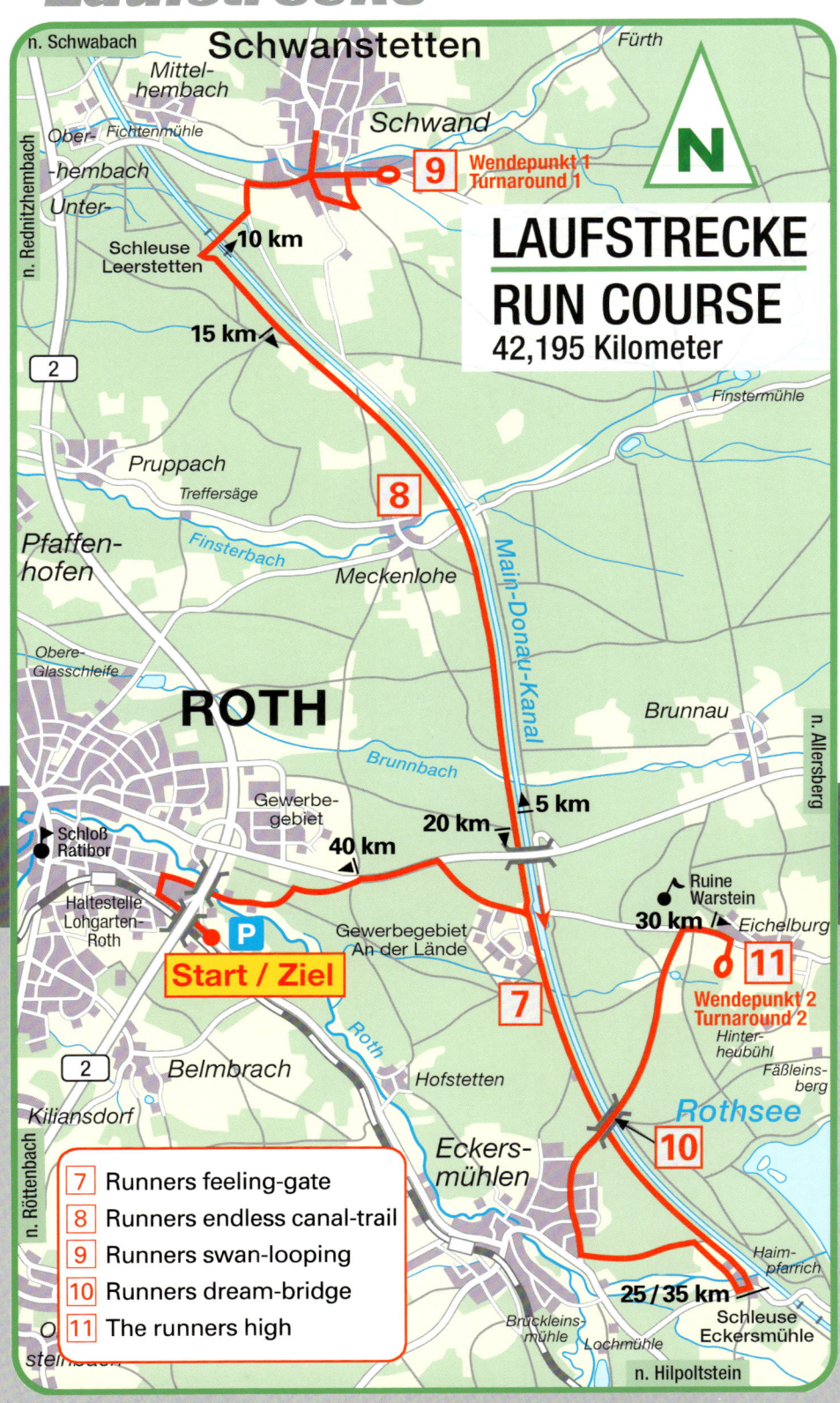

LAUFSTRECKE
RUN COURSE
42,195 Kilometer

- **7** Runners feeling-gate
- **8** Runners endless canal-trail
- **9** Runners swan-looping
- **10** Runners dream-bridge
- **11** The runners high

Wechselzone 2
Radfahren-Laufen/Ziel

ÜBERSICHTSPLAN (Wechselzone R/L, Ziel)

- öffentliche Flächen für Zuschauer
- Zelte und Tribünen
- Freiflächen Messe
- Orga-Container
- Grünflächen
- Weg der Sportler

Räder • Beutel • Beutel • 1.500 Räder • Wechselzelt • Duschen • Ausgang • Versorgung • Container • Bühne • Festzelt • N-ERGIE • K • Küche • Tribüne • Tribüne • Messezelt • Ziel • Presse • VIPs • VIP-Eingang • Messe • Messe • Messe • Messe • Coca-Cola • Pavillon • INFO • Biergarten • Bierzelt • VIP-zelt • Übergang • WC-Anlagen • EINGANG • Wechselzone Staffeln 370 Räder • Hilpoltsteiner Straße • Radpark für Besucher

CHALLENGE 111

sie waren dabei...

861	1.125	ABBE, Fabian	GER	858	1.299	BECKER, Uwe	GER	45	711	BRAND, Andreas	GER
681	272	ACHTERBERG, Nils	GER	89	241	BECKSTEIN, Benno	GER	200	788	BRANDT, Holger	GER
1005	1.319	ADLER, JÜRGEN	GER	101	1.495	BEGEMANN, Christian	GER	250	588	BRASS, Michael	GER
648	415	AHRENS, Klaus	GER	834	1.174	BEGEMANN, Thomas	GER	865	1.088	BRAUN, Andreas	GER
1028	313	AISENBREY, Edgar	GER	19	1.540	BEHEN, Andriy	UKR	763	1.057	BRAUN, Peter	GER
909	544	ALBERS, Georg	GER	946	1.112	BEHREND, Marc	GER	152	728	BRAUTSCH, Markus	GER
559	1.255	ALCOCK, David	GBR	300	929	BEIER, Michael	GER	85	68	BREGULLA, Claudia	GER
343	1.034	ALTHOFF, Mike	GER	536	608	BELGER, Uwe	GER	508	1.075	BREITENBACH, Jens	GER
85	731	ALTMANN, Joachim	GER	454	1.013	BENESCHAN, Michael	GER	326	1.342	BRELL, Michael	GER
568	1.133	AMMON, Udo	GER	506	991	BENNETT, James	AUS	581	1.153	BREMER, Frank	GER
529	1.194	AMTHOR, Matthias	GER	777	1.386	BENSON, Michael	GER	535	1.027	BREMM, Florian	GER
128	100	AMY, White	USA	293	828	BERANEK, Ralph	GER	61	716	BRENGARTNER, Frank	GER
447	996	ANDERS, Maik	GER	380	607	BERGER, Gerhard	GER	347	633	BREUNINGER, Horst	GER
56	143	ANGEL, Stefanie	GER	930	266	BERGLER, Gerhard	GER	768	977	BRITTING, Harald	GER
1129	746	ANSELSTETTER, Peer	GER	112	166	BERGLER, Hildegard	GER	335	954	BRITZ, Thorsten	GER
161	269	ASCHKA, Thomas	GER	337	1.036	BERKTOLD, Erwin	GER	928	1.107	BRÖCKELMANN, Boris	GER
127	145	ATZLER, Birgit	GER	783	1.142	BERNARD, Luc	FRA	287	612	BRÖGGELHOFF, Uwe	GER
415	1.071	AUBERSON, Bernard	SUI	631	1.509	BETHLEHEM, Axel	GER	19	71	BROSELGE, Gabi	GER
622	1.146	BACH, Christoph	GER	855	1.167	BEUERMANN, Marco	GER	1075	1.510	BROWN, Nicholas	GBR
662	342	BACH, Dieter	GER	376	686	BEYER, Peter	GER	262	0	BRÜCKMER, Laurent	GER
735	1.054	BACH, Matthias	GER	601	1.252	BICCHIERAI, Enrico	ITA	448	258	BRÜCKNER, Michael	GER
314	328	BACH, Uwe	GER	116	222	BIEHLER, Hans	GER	425	678	BRÜLL, Felix	GER
905	1.079	BACH, Uwe	GER	109	142	BIELKE, Sylvia	GER	788	1.405	BRUNETTI, Massimo	ITA
203	1.052	BACHL, Wolfgang	GER	30	344	BIEMANN, Daniel	GER	363	514	BRÜNGEL, Stefan	GER
617	905	BACHMAIER, Georg	GER	1142	1.366	BISCHOFF, Andreas	GER	62	332	BRUNNER, Albert	GER
964	1.378	BACHMANN, Martin	SUI	800	1.056	BITZ, Dieter	GER	547	817	BRZANK, Volker	GER
739	956	BÄCKER, Herbert	GER	430	1.139	BLANK, Roland	GER	983	1.233	BRZOSKA, Lars	GER
265	451	BAHNSEN, Jörg	GER	121	872	BLINDZELLNER, Jörg	GER	78	331	BUCHDRUCKER, Rudo	GER
503	1.245	BAHR, Andreas	GER	714	1.161	BLUHM, Michael	GER	179	219	BUCHMÜLLER, Thomas	GER
6	43	BAKKER, Gillian	CDN	87	512	BLUM, Mathias	GER	44	36	BUCHSTALLER, Fritz	GER
4	44	BALLANCE, Karyn	NZL	456	1.145	BOEKER, Thomas	GER	409	740	BUHL, Stefan	GER
595	751	BANTEL, Michael	GER	953	1.091	BOGATU, Ingo	GER	17	1.532	BULJAN, Peter	GER
288	859	BARBIERI, Diego	ITA	331	965	BOGDAN, Janas	POL	923	1.401	BULLINGER, Ulrich	GER
697	1.326	BARDUNA, Markus	GER	475	520	BÖHM, Matthias	GER	611	610	BÜLTEMEIER, Klaus	GER
185	727	BARKEY, Lutz	GER	1131	1.511	BÖHM, Roland	GER	43	131	BUNDEGAARD, Lone	DEN
853	196	BÄRNREUTHER, Theo	GER	11	180	BÖHM, Sibylle	GER	1102	1.303	BÜNNING, Bernd	GER
799	209	BARTELMESS, Peter	GER	246	783	BÖHME, Andreas	GER	151	205	BUNSE, Christoph	GER
73	107	BARTELS, Kirstin	GER	435	1.203	BÖNIGK, Frank	GER	131	147	BURGATH, Ina	GER
18	17	BARTELS, Ulf	GER	69	90	BORCHARDT, Marid	GER	375	259	BÜRGER, André	GER
1138	1.504	BARTHELMES, Dirk	GER	722	1.333	BORK, Uwe	GER	1130	1.440	BURGER, Ivo	CZE
133	456	BARTLOG, Nikos	GER	450	781	BORRAS, Pere	ESP	445	316	BURGIS, Wolfgang	GER
614	779	BARTOLO, Lluis	ESP	280	745	BOSCHEN, Kyle	USA	898	1.548	BURIAN, Kurt	GER
126	1.530	BÄTSCHER, Andrea	SUI	90	151	BOSCHEN, Mary	USA	86	1.515	CANTERO, Miguel	ESP
54	94	BAU, Margot	GER	922	694	BÖSE, Dieter	GER	451	920	CARACCIOLO, Antonio	SUI
556	823	BAUER, Joachim	GER	1052	334	BÖßL, Helmut	GER	413	847	CARL, Alexander	GER
981	1.372	BAUER, Martin	GER	571	901	BOTSCHAFTER, Manf	GER	652	1.253	CARNICELLI, Vittorio	ITA
700	617	BAUER, Thomas	GER	1044	1.306	BOTSCHAFTER, Step	GER	191	766	CARROLL, Bradley	RSA
997	1.383	BAUERFEIND, Klaus	GER	66	176	BÖTTCHER, Silke	GER	258	1.030	CARTAILLER, Mathias	FRA
387	496	BAUZ, Hubert	GER	45	84	BÖTTGER, Kerstin	GER	109	592	CASPARI, Reiner	GER
481	812	BAYER, Jan-Marc	GER	13	22	BOUR, Andre	GER	227	840	CEROWSKI, Udo	GER
896	1.308	BAYERLEIN, Wolfgang	GER	931	1.488	BOZEK, Volker	GER	3	6	CHABAUD, Francois	FRA
734	310	BECK, Helmut	GER	1123	1.248	BRAMKAMPBRANDT, H	GER	400	1.032	CHOWMANE, Samir	GER

FINISH
FINISHERLISTE

1105	841	CINK, Stefan	GER	441	738	DRUSKA, Frank	GER	926	904	FISCHER, Christian	GER
1135	1.479	CISAR, Ludvik	GER	695	256	DÜLK, Michael	GER	820	569	FISCHER, Robert	GER
115	113	CLAUS, Monika	GER	619	1.447	DÜLL, Thomas	GER	222	448	FISCHER, Sören	GER
352	571	CLAUSER, Hugues	FRA	497	418	DUMANN, Ralf	GER	31	707	FLACHOWSKY, Stefan	GER
939	1.278	CLEMEN, Dirk	GER	322	587	DUMSTREI, Peter	GER	59	546	FLATAU, Uwe	GER
310	1.244	CLIPSTON, Dan	GBR	848	874	DUOBA, Christopher	GBR	214	892	FLOCKAU, Sascha	GER
1016	1.119	CONRAD, Claus-Dieter	GER	992	1.462	DÜRRWANGER, Andr	GER	40	74	FOLTIN, Anja	GER
802	990	COONEY, Alvin	IRL	558	886	DUWE, Rudolf	GER	900	866	FOX, Jacques	LUX
1090	234	COORDES, Rainer	GER	79	37	DYKE, Stephen	CDN	693	314	FRANK, Michael	GER
75	1.508	CORNE, Katell	FRA	609	943	DYMEK, Stanislaw	POL	133	122	FREITAG, Julia	GER
199	776	CORREC, Pascal	GER	399	912	EBLE, Johannes	GER	507	1.267	FREY, Ruedi	SUI
307	1.534	CROSTA, Stefano	ITA	644	914	ECKART, Michael	GER	632	1.089	FRIEDEL, Jörg	GER
3	41	CSOMOR, Erika	HUN	1023	1.223	ECKERT, Markus	GER	523	1.356	FRIEDRICH, Heiko	GER
504	1.016	CSOMOR, Robert	HUN	419	604	ECKSTEIN, Bernd	GER	804	619	FRIEN, Michael	GER
850	687	CURTIUS, Walter	GER	849	1.329	ECKSTEIN, Karl-Heinz	GER	98	108	FRIGGE, Claudia	GER
1119	1.465	DAMJANCEVIC, Peter	GER	1079	1.439	EDWARDS, Greg	RSA	549	629	FRISCH, Thomas	GER
17	50	DAUBEN, Cornelia	GER	383	852	EGLMEIER, Ludwig	GER	28	24	FRITSCH, Matthias	GER
389	845	DE BONT, Sebastiaan	NEL	663	1.169	EHM, Joachim	GER	917	994	FROEB, Michael	GER
318	855	DEBORD, Laurent	FRA	202	1.102	EHRENBERG, Jochen	GER	557	621	FRÖHLICH, Christian	GER
164	754	DECKERT, Horst	GER	483	505	EHRLICHMANN, Walter	GER	1027	620	FROTZ, Thomas	GER
879	1.184	DEGENHART, Robert	GER	10	11	EICHHORN, Bernd	GER	355	1.533	FUCHS, Jürgen	GER
92	215	DEISENBECK, Josef	GER	857	434	EICHLER, Robert	GER	388	563	FUCHS, Michael	GER
27	58	DELLA VALLE BARBIER	ITA	259	1.493	EINFELD DR., Carsten	GER	432	321	FUHS, Ronny	GER
1111	1.182	DELONGE, Ralf	GER	929	195	EINSIEDEL, Kurt	GER	724	1.520	FULK, Martin	USA
75	402	DIEBEL, Dieter	GER	699	1.124	EL HAWARI, Ahmed	GER	9	286	FUNK, Harald	GER
155	543	DIEDERICHS, Rudolf	GER	358	1.539	ELKMANN, Hendrik	GER	2	46	FUNK, Heike	GER
16	469	DIEKOW, Jan	GER	72	739	ELSHAUG, Pal Cato	NOR	102	487	FUNKE, Thorsten	GER
51	524	DIENERT, Sven	GER	987	1.295	ELSNER, Christian	GER	328	447	FÜRLE, Fabian	GER
659	232	DIERKES, Hauke	GER	531	833	ENGEL, Jürgen	GER	651	1.022	FÜRST, Rainer	GER
257	347	DIETRICH, Johannes	GER	37	160	ENGELHARDT, Paola	SUI	167	719	GABBA, Andrea	ITA
602	1.059	DIETZE, Albrecht	GER	680	1.041	ENGELHART, Thomas	GER	364	1.011	GACHIGNAT, Philippe	FRA
1000	1.290	DILLER, Wolfgang	GER	608	1.269	ENGELKE, Ulrich	GER	346	952	GAIDA, Sebastian	GER
670	1.037	DIMITRIADIS, Stephano	GER	770	1.094	ENGLER, Ralf	GER	935	1.500	GAJEWSKI, Jaroslaw	POL
207	483	DIRKER, Olaf	GER	56	714	ENSELING, Michael	GER	297	927	GALUSCHKI, Gunnar	GER
190	461	DITTMAR, Daniel	GER	691	1.402	ENSSLIN, Cristof	GER	818	618	GANS, Peter	GER
778	1.177	DIXON, Peter	GBR	13	54	ERIKSEN, Mette	DEN	349	284	GANSER, Peter	GER
661	906	DOBROVSKY, Erwin	GER	534	752	ERL, Werner	GER	889	1.181	GAREIS, Daniel	GER
1136	968	DOLL, Wolf-Dieter	GER	201	803	ERMERT, Michael	GER	225	21	GAVAN, Dean	AUS
378	962	DOLLE, Mario	GER	505	1.104	EVERAERTS, Dirk	BEL	412	506	GAYER, Marcus	GER
871	921	DOMINE, Marco	GER	958	1.304	FARMER, Christopher	CDN	654	275	GEBERT, Roland	GER
27	25	DONOVAN, Greg	NZL	437	615	FECKER, Günter	GER	1021	969	GEBHARDT, Wolfgang	GER
995	907	DÖREN, Friedhelm	GER	252	616	FEIGEL, Martin	GER	1088	1.435	GEDANKE, Frank-York	GER
132	835	DÖRFLER, Andreas	GER	854	277	FEKETE, Tamas	GER	24	15	GEIGER, Thomas	GER
439	835	DORIGO, Claudio	GER	110	244	FENNER, Christian	GER	192	593	GEISENHOF, Gerd	GER
667	950	DORMEYER, Matthias	GER	520	997	FEST, Joachim	GER	426	1.087	GEIßLER, Dietbert	GER
973	1.140	DÖRPER, Wolfgang	GER	100	169	FEUCHTER, Petra	GER	204	734	GERDES, Andrc	GER
766	674	DÖRRE, Friedrich	GER	761	327	FEUCHTMANN, Michael	GER	231	273	GERWIEN, Peter	GER
624	573	DOSE, Karsten	GER	605	1.324	FIEGER, Tim	GER	25	315	GESERICK, Olaf	GER
793	778	DOTZER, Rudolf	GER	996	1.388	FIGGEN, Michael	GER	657	1.108	GESSLBAUER, Horst	AUT
485	1.204	DREHER, Florian	GER	118	324	FINGER, Markus	GER	102	88	GIEHR, Karin	GER
81	167	DREHER, Mareike	GER	822	1.170	FINK, Thomas	GER	528	942	GIERES, Waldemar	POL
20	170	DRESCHER, Dagmar	GER	945	1.474	FIORI, Francesco	ITA	78	85	GIERKE, Angela	GER

584	614	GILGEN, Jens-Uwe	GER	833	1.496	HAGSPIEL, Daniel	GER	640	1.236	HEY, Carsten	GER
542	932	GIMMLER, Sascha	GER	705	761	HAHM, Philipp	GER	181	212	HEYDEMANN, Ulrich	GER
7	51	GLASENAPP, Stefanie	GER	862	693	HAHN, Erich	GER	524	1.188	HIERL, Josef	GER
73	35	GLASSNER, Marko	GER	64	185	HAHN, Sonja	GER	626	1.477	HILBURGER, Roland	GER
313	312	GLAUSE, Martin	GER	819	566	HÄHNDEL, Frank	GER	127	744	HILDENBRAND, Stefan	GER
586	510	GLÖTZL, Stefan	GER	135	150	HAMILTON, Katrina	RSA	966	1.241	HILKE, Frank	GER
880	757	GODE, Norbert	GER	1079	1.433	HAMILTON, Simon	RSA	816	1.424	HILPERT, Manfred	GER
1054	1.219	GOFFINET, Philippe	BEL	143	726	HAMMANN, Roger	GER	408	903	HIMMEL, Rudi	GER
418	247	GOLDSCHMITT, Jürgen	GER	797	1.274	HANKEL, Peter	GER	886	1.099	HINDERER, Eckhard	GER
220	893	GOLDWICH, Andreas	GER	969	1.347	HANNON, Mark	GBR	263	358	HINDL, Sven	GER
433	406	GOLL, Markus	GER	330	891	HANSEL, Martin	GER	40	203	HINTERLEITHNER, Hel	GER
471	531	GONDEK, Frank	GER	239	775	HANSEN, Thomas	GER	403	1.029	HINTERWIMMER, Heinz	GER
747	1.512	GÖRKE, Wolfgang	GER	393	515	HANSHANS, Jürgen	GER	42	73	HINTZ, Nana Marion	GER
1010	513	GÖRLICH, Reiner	GER	205	303	HAPPACH, Ekkehard	GER	1143	216	HINTZMANN, Alfred	GER
583	755	GÖRTZ, Gregor	GER	686	1.390	HARDER, Thomas	GER	530	668	HIRSCH, Ulrich	GER
704	976	GOTH, Rainer	GER	211	747	HARRER, Michael	GER	298	830	HIRTHAMMER, AXEL	GER
1127	1.455	GRAF, Günter	GER	50	479	HARTUNG, Thomas	GER	77	1.529	HOEFELMAIER, Gregor	GER
863	1.250	GRAVERSEN, Henrik	DEN	111	149	HASLINGER, Ilka	GER	711	676	HOENIG, Bruno	GER
1004	671	GRÄWE, Detlef	GER	809	1.265	HAUBERG, Hans	DEN	172	560	HOF, Matthias	GER
618	190	GREB, Horst	GER	23	76	HAUGG, Bettina	GER	677	1.211	HOFFMANN, Andreas	GER
373	1.382	GREFRATH, Norman	GER	1030	1.076	HAUGG, Franz	GER	1118	1.332	HOFFMANN, Melf	GER
869	511	GREIER, Steffen	GER	117	529	HAUPT, Ringo	GER	391	590	HOFFMANN, Roger	GER
745	1.121	GREIL, Richard	GER	748	1.206	HAUPT, Stephan	GER	144	442	HÖFLING, Jürgen	GER
915	1.123	GREWE-IBERT, Heino	GER	911	1.423	HAUSCHILD, Dag	GER	95	421	HÖGNER, Walter	GER
118	158	GRIBBIN, Bernie	IRL	750	599	HAUSNER, Ralf	GER	639	797	HOHENBERGER, Tho	GER
993	1.359	GRIEBEL, Franz	GER	635	657	HAUSTEIN, Ralf	GER	103	343	HOHL, Norbert	GER
53	452	GRIEBENOW, Martin	GER	814	1.352	HAVELBERG, Thomas	GER	317	966	HOHMANN, Axel	GER
519	228	GRIEDER, Urs	SUI	171	486	HEBICH, Thomas	GER	1009	1.277	HOJBJERRE, Soren	DEN
984	1.130	GROMANN, Gerd	GER	765	1.396	HECKELMILLER, Jürg	GER	1056	1.541	HOLLAND-CUNZ, Eckh	GER
967	643	GRONDKE, Rolf	GER	119	106	HEINICKE, Birgit	GER	82	177	HOLLER, Monika	GER
579	453	GROSS, Elmar	GER	1109	1.470	HEINLOTH, Wolfgang	GER	274	992	HÖLTL, Klemens	GER
91	523	GROSS, Thomas	GER	698	1.044	HEINSOHN, Marc	GER	394	975	HOLZAPFEL, Kurt	GER
467	499	GROSSE, Dirk	GER	537	437	HEINZE, Daniel	GER	166	764	HOLZKAMP, Jens	GER
94	146	GROSSE, Elke	GER	26	173	HEINZMANN, Iris	GER	14	351	HOLZNER, Michael	GER
55	91	GROßHEIM, Dagmar	GER	277	516	HELLER, Thomas	GER	1036	940	HOMEIER, Lars	GER
267	1.050	GROSSMANN, Jörn	GER	1083	335	HELML, Erwin	GER	910	1.073	HONIGMANN, Bernhard	GER
899	1.473	GRUBER, Max	GER	533	1.270	HEMMER, Gert	GER	90	480	HOPF, Hanns-Henning	GER
478	261	GRÜNBAUM, Hubert	GER	755	648	HEMMERICH, Hendrik	GER	716	1.336	HÖPFER, Dietmar	GER
83	111	GRUNDGREIF, Susan	GER	228	774	HENGST, Gregor	GER	688	1.012	HOPP, Johannes	GER
76	748	GRÜTJEN, Joachim	GER	362	1.005	HENKEL, Oliver	GER	386	354	HÖPPE, Dirk	GER
1068	1.480	GRZES, Zbigniew	POL	119	705	HENN, Frank	GER	319	580	HOPPE-BIERMEYER, B	GER
633	909	GÜLDENFUß, Klaus	GER	1047	1.399	HENNESEN, Jürgen	GER	124	782	HORI, Naoyuki	JAP
526	412	GUMPP, Albert	GER	636	806	HENNIGER, Wolfgang	GER	8	47	HORI, Yoko	JAP
385	283	GUNKLER, Stefan	GER	44	99	HENRI, Isabelle	FRA	461	819	HORN, Andreas	GER
1053	660	GÜNTER, Martin	GER	55	40	HENRI, Thierry	FRA	1081	1.208	HORNEBER, Werner	GER
541	249	GÜNTHER, Daniel	GER	490	1.279	HENSCHEL, Ulrich	GER	760	208	HOSCHEK, Jörg	GER
396	1.070	GÜNTHNER, Stefan	GER	216	1.026	HERBERS, Oliver	GER	949	1.242	HOWALDT, Andreas	GER
16	48	GUZDA, Rhonda	CDN	895	1.227	HERDER, Jörg	GER	873	248	HRDY, Norbert	GER
607	1.210	HAAS, Georg	GER	1062	1.467	HERMANN, Michael	GER	669	986	HUBLITZ, Daniel	GER
932	658	HAFEMEISTER, Klaus	GER	368	236	HERRMANN, Dieter	GER	292	684	HUF, Reinhard	GER
367	1.009	HAFNER, Gustavo	SUI	289	868	HERRMANN, Dietmar	GER	69	445	HUHNDORF, Martin	GER
186	1.249	HAFNER, Stefan	GER	169	296	HERRMANN, Klaus	GER	184	223	HUMBOLD, Reinhold	GER
33	105	HÄGELE, Monika	GER	1067	1.395	HERRMANN, Michael	GER	122	785	HÜMMER, Jörg	GER
74	308	HAGEN, Bernd	GER	107	508	HERTING, Jörg	GER	24	93	HUSCH, Claudia	GER
1144	189	HAGER, Arvid	GER	244	424	HERZIG, Uwe	GER	428	911	HUYSSEUNE, Luc	BEL

422	732	ILLES, Balint	HUN	218	540	KEHRBUSCH, Gerd	GER	51	64	KONS, Nicole	GER
65	431	IMHOFF, Sven	GER	106	827	KELLER, Clemens	GER	825	1.199	KONZELMANN, Gerhard	GER
424	839	INGMANN, Lars	DEN	591	1.261	KELLER, Thomas	GER	1055	193	KOOPMANN, Volker	GER
721	1.355	INKERMANN, Andreas	GER	484	650	KELLNER, Norbert	GER	187	820	KÖPCKE, Manfred	GER
594	989	INVERSINI, Daniel	SUI	443	1.018	KENTZLER, Jörn	GER	612	936	KOPEL, Werner	GER
48	138	IRLINGER, Ursula	GER	655	1.320	KEPPELER, Rupert	GER	952	1.132	KOPP, Marcus	GER
1122	1.499	ISCHEN, Jürgen	GER	351	795	KERNCHEN, Lars	GER	868	810	KÖPPEN, Thomas	GER
1108	1.061	ISEKE, Norbert	GER	136	441	KERSCHER, Marco	GER	522	902	KORTE, Ralf	GER
15	10	ISHCHUK, Igor	UKR	79	132	KERSTEN, Ines	GER	34	603	KOSS, Karl-Heinz	GER
98	722	JACOB, Frederico	POR	87	112	KETZER, Ina	GER	308	226	KÖSTLER, Wolfgang	GER
552	762	JÄGER, Ralf	GER	890	931	KHAJOOEI, Mehran	GER	1115	268	KOWATSCH, Erich	GER
198	933	JAKOB, Thomas	GER	431	961	KIECHL, Olivier	SUI	84	326	KRACH, Wilhelm	GER
22	56	JANISCH, Sandra	GER	1058	1.472	KIEFER, Norbert	GER	1003	1.135	KRAFFCZYK, Rolf	GER
174	663	JANNICK, Peter	GER	875	1.081	KIEFER, Peter	GER	33	428	KRAFT, Florian	GER
67	581	JANNING, Matthias	GER	57	401	KIEPKE, Jürgen	GER	897	1.549	KRÄH, Max	GER
727	1.060	JANSEN, Markus	GER	210	798	KINGS, Simon	GER	74	86	KRÄMER-DÖRR, Sabi	GER
954	1.003	JANSEN, Wolfgang	GER	53	70	KINSEY, Deborah Jayne	GER	474	878	KRÄTZSCHMAR, Roger	GER
502	1.257	JANZEN, Tobias	GER	139	547	KIRCHER, Jürgen	GER	551	635	KRAUSE, Gerald	GER
273	721	JECHNERER, Christian	GER	874	699	KIRSCH, Axel	GER	67	119	KREBEL, Linda	GER
5	49	JESBERGER, Heidi	GER	382	919	KISCHLAT, Holger	GER	621	1.189	KREHER, Klaus	GER
145	625	JESINGER, Horst	GER	295	204	KLANTE, Gregor	GER	345	945	KREHER, Wolfgang	GER
590	758	JOECKEN, Peter	GER	89	67	KLAPPERT, Nicole	GER	93	297	KREISELMEYER, Heinz	GER
725	955	JOHN, Mathias	GER	208	444	KLATTE, Thomas	GER	723	856	KRENTEL, Tobias	GER
223	736	JOHN, Oliver	GER	99	117	KLAUER-DIKOFF, Mari	GER	790	304	KREUTZER, Klaus	GER
140	724	JOOS, Andreas	GER	562	557	KLEEMANN, Ralf	GER	122	130	KRÖGER, Maja	GER
521	1.300	JORES, Marcus	GER	1060	1.379	KLEEMANN, Thomas	GER	175	210	KROIS, Dietmar	GER
182	484	JOSCH, Michael	GER	221	791	KLEERBAUM, Uwe	GER	14	57	KROON, Petra	GER
245	467	JOST, STEPHAN	GER	305	889	KLEIN, Christoph	GER	417	518	KROPP, Andreas	GER
88	38	JOUVE, David	FRA	453	433	KLEIN, Martin	GER	1048	1.162	KROPP, Uwe	GER
369	769	JUNG, Alexander	GER	116	168	KLEIN, Maxi	GER	664	1.224	KRÜGER, Bernd	GER
687	974	JUNGGUNST, Timmo	GER	758	278	KLEIN, Rolf	GER	421	410	KRÜGER, Willi	GER
142	696	JUNGKUNZ, Clemens	GER	10	1.526	KLEINDIENST, Beate	GER	92	139	KRULL, Ilka	GER
509	556	JÜRGENS, Olaf	GER	54	32	KLEMM, Hubert	GER	339	460	KRUMBECK, Christoph	GER
110	127	KADRI, Susanne	GER	729	1.293	KLINGENBECK, Chris	GER	370	504	KRUMDIECK, Ralf	GER
1134	1.446	KAHLE, Gunther	GER	811	1.215	KLITZKE, Jürgen	GER	647	888	KRÜMPEL, Christian	GER
888	681	KAISER, Georg	GER	251	1.006	KLOSE, David	GER	495	679	KRUSE, Reinhard	GER
627	522	KAISER, Jörg	GER	1095	1.292	KLOTZ, Eric	SUI	104	713	KRUSKA, Marco	GER
978	1.413	KAISER, Michael	GER	650	1.344	KLÜMPER, Stefan	GER	959	609	KÜBLER, Thomas	GER
780	1.247	KALAFATE, Sedik	GER	434	887	KNAUS, Peter	GER	610	533	KUCHLER, Kurt	GER
137	157	KALTMEYER, Karin	GER	567	894	KNECHT, Achim	GER	132	144	KÜFNER, Claudia	GER
1086	1.449	KAMINSKI, Michael	GER	500	1.115	KNÖFERL, Michael	GER	940	794	KÜFNER, Michael	GER
180	498	KAMMERAD, Jeff	GER	962	1.476	KNOOP, Jens	GER	913	1.129	KÜHN, Oliver	GER
1008	1.327	KAMPMANN, Ulrich	GER	162	582	KNOP, Jörg	GER	482	1.156	KÜHNLEIN, Reinhard	GER
961	293	KAPP, Stefan	GER	195	596	KNOPS, Michael	GER	336	578	KUNZE, Peter	GER
1076	263	KARMAZIN, Pavel	GER	302	257	KOBUSCH, Rainer	GER	146	741	KUPITZ, Hans-Jörg	GER
232	715	KARWIG, Thomas	GER	545	292	KOCHER, Karlheinz	GER	1133	1.492	KURPIERS, Holger	GER
527	826	KASPER, Harald	GER	629	285	KÖCK, Michael	GER	824	329	KÜTTINGER, Walter	GER
120	175	KASTL, Sigrid	GER	1050	1.212	KOGGE, Thomas	GER	782	1.141	LAGANT, Max	FRA
111	525	KATHÖFER, Volker	GER	72	126	KOHN, Birgit	GER	616	1.264	LAGERSTED OLSEN, S	DEN
815	1.384	KATZENBERGER, Jür	GER	975	644	KÖHNE, Dietmar	GER	836	1.064	LAMB, Carsten	GER
325	882	KAUFMANN, Alexander	GER	489	409	KÖNIG, Andreas	GER	1117	1.373	LANDECK, Jörn	GER
701	270	KAUFMANN, Michael	GER	550	253	KÖNIG, Marco	GER	600	937	LANDES, Patrick	FRA
88	109	KAUFMANN-BADER, H	GER	1013	680	KONRAD, Helmut	GER	237	712	LANG, Martin	GER
254	848	KAULFUß, Ronald	GER	148	429	KONRAD, Mario	GER	1015	1.158	LANGE, Rolf	GER
9	53	KECK, Gabriele	GER	103	137	KONRAD, Sabine	GER	58	92	LANGE, Sabine	GER

429	813	LANGENBRINK, Lukas	GER	157	481	MALMANN, Burkhard	GER	844	1.524	MÖLLER HANSEN, Alex	DEN
620	815	LANGHEIN, Jan	GER	436	730	MANNING, Craig	USA	872	1.525	MÖLLER HANSEN, Paw	DEN
108	164	LANGHEIN, Martina	GER	1019	575	MARGRAF, Uwe	GER	168	356	MÖLLERS, Eberhard	GER
808	1.330	LANZ, Peter	SUI	423	837	MARQUET, Klaus	GER	270	507	MÖLLS, Oliver	GER
999	910	LASOEN, Filip	BEL	299	838	MARQUET, Robert	GER	696	1.190	MONÉ, Olaf	GER
544	1.058	LAUBER, Karlheinz	GER	658	1.325	MARTENS, Frank	GER	91	83	MONNO, Ylenia	ITA
353	495	LAUDENBACHER, Jens	GER	563	825	MARTIN, Malte	GER	936	1.463	MÖRBEL, Hagen	GER
115	276	LAUTERBACH, Günter	GER	518	1.048	MARTIN, Peter	GER	324	1.528	MORGENSTERN, Mar	GER
479	493	LAUTERBACH, Jürgen	GER	577	789	MASTHOFF, Clemens	GER	60	472	MOROFF, Martin	GER
361	243	LAUTNER, Christof	GER	1128	1.460	MATL, Georg	AUT	35	72	MÖSER, Michaela	GER
416	1.028	LAVADO, Jose	ESP	80	95	MATL, Sabine	AUT	683	1.461	MUENZ, Bernd	GER
851	1.337	LE LAY, Christian	FRA	706	407	MATLACHOWSKI, Wil	GER	708	287	MÜHLÖDER, Werner	GER
1049	1.340	LE ROY, Michel	FRA	1082	951	MATTES, Robert	GER	1091	233	MÜLLER, Dieter	GER
1	1	LEDER, Lothar	GER	159	458	MATTES, Stefan	GER	566	262	MÜLLER, Florian	GER
1	42	LEDER, Nicole	GER	798	953	MATTES, Walter	GER	753	425	MÜLLER, Gabriel	GER
125	98	LEHMANN, Dagmar	GER	846	656	MAULWURF, Rainer	GER	986	245	MÜLLER, Gerhard	GER
1078	1.196	LEHMBÄCKER, Henni	GER	321	1.109	MAURER, Gerhard	GER	138	630	MÜLLER, Gerold	GER
136	136	LEHNER, Anja	GER	468	1.334	MAY, Herbert	GER	1037	979	MÜLLER, Günter	GER
488	1.220	LEHNER, Lothar	GER	1039	322	MAYR, Bernhard	GER	1063	1.157	MÜLLER, Holger	GER
494	595	LEICK, Michael	GER	1017	1.163	MC KENNA, Kevin	GBR	882	1.043	MÜLLER, Jens	GER
35	468	LEIDEL, Charlie	GER	480	849	MC LAUGHLIN, James	GBR	395	454	MÜLLER, Jochen	GER
294	320	LEITNER, Horst	GER	2	2	MCCORMACK, Chris	AUS	555	311	MÜLLER, Marcus	GER
29	26	LEITNER, Rudolf	GER	301	1.527	MCKEEVER, Steve	IRL	866	1.238	MÜLLER, Rüdiger	GER
604	1.377	LENHART, Johannes	GER	749	1.222	MEDERER, Richard	GER	943	652	MÜLLER, Thomas	GER
543	1.289	LENZ, Carsten	GER	592	586	MEDING, Jörg	GER	561	946	MÜLLER, Werner	GER
177	537	LENZEN, Robert	GER	1139	1.531	MEHLER, Gerhard	GER	702	1.126	MUNGENAST, Matthias	GER
256	834	LENZNER, Florian	GER	1022	1.110	MEHNERT, Günter	GER	238	561	NACHTSHEIM, Frank	GER
877	1.351	LEONHARDT, Wolfram	GER	947	867	MEIER, Jürgen	GER	511	998	NAGEL, Michael	GER
312	1.218	LEUPOLD, Ralf	GER	951	300	MEIFERT, Chester	CDN	470	564	NAUMANN, Carsten	GER
1087	1.317	LEWIS, Jason	AUS	491	805	MEISEL, Jörg	GER	1141	1.518	NEHMEIER, Jürgen	GER
21	14	LINDBERG, Bennie	FIN	916	1.360	MEISSNER, Norbert	GER	286	858	NEINHUIS, Udo	GER
275	1.025	LINDERT, Jörg	GER	114	787	MEJER PLATH, Carsten	DEN	672	1.136	NEMITZ, Hartmut	GER
147	492	LINGEN, Thomas	GER	1101	1.374	MELTVEDT, Raymond	USA	247	729	NEMITZ, Jan	GER
465	632	LINHARD, Bernd	GER	80	753	MENDE, Uwe	GER	827	1.021	NEPPL, Stefan	GER
569	1.207	LINKAMP, Carsten	GER	1002	1.364	MENZEL, Harald	GER	572	832	NESTLER, Ulf	GER
963	1.197	LOCHNER, Clemens	GER	743	427	MERKEL, Hans	GER	756	627	NEUGEBAUER, Gerd	GER
689	653	LOCHNER, Hubert	GER	719	199	MERTEN, Gerhard	GER	830	1.147	NEUGEBAUER, Gerha	GER
924	1.486	LOHMANN, Frank	GER	356	1.226	METLICKY, Udo	GER	94	299	NEUGEBAUER, Henri	GER
972	1.193	LORENTZ, Christoph	GER	28	82	METZNER, Monika	GER	99	702	NEUHAUSER, Seppi	AUT
767	1.183	LOSERTH, Herbert	GER	779	1.389	MEYER, Jörg	GER	440	1.096	NEUHAUSS, Martin	GER
791	279	LOTHMANN, Peter	GER	472	640	MEYER, Klaus	GER	129	1.045	NEUMANN, Christian	GER
801	863	LOWE, Anthony	GBR	1051	1.409	MEYER, Matthias	GER	52	538	NICKEL, Thomas	GER
726	1.282	LUCCHESI, Andreas	GER	264	1.497	MEYER, Ulrich	GER	1098	1.436	NICKOLAI, Holger	GER
938	1.309	LUDWIG, Frank	GER	12	476	MEYMANN, Jürgen	GER	165	725	NICKOLAUS, Holger	GER
6	5	LUOTO, Mika	FIN	641	1.172	MICHAEL, Carsten	GER	838	1.363	NIEDRE, Immo	GER
676	1.294	LÜTJANN, Manfred	GER	841	654	MICHEL, Gerhard	GER	487	642	NIELEBOCK, Karl-In	GER
1061	689	MACHOLDT, Dieter	GER	303	346	MICHEL, Joachim	GER	206	240	NIETHAMMER, Thomas	GER
839	944	MACZYNSKI, Czeslaw	POL	771	918	MIGOTSCH, Jürgen	GER	291	237	NIKLAS, Wolfgang	GER
392	988	MAGDZIARZ, Oliver	GER	1034	1.503	MILIC, Goran	GER	209	489	NISPEL, Frank	GER
649	690	MÄHRINGER, Raimund	GER	135	831	MILLER, Johannes	GER	76	101	NISPEL, Katja	SUI
1114	1.398	MAIER, Andreas	GER	1070	1.316	MILZ, ALBERT	GER	1084	191	NITSCHKE, Heinz	GER
709	641	MAINTOK, Wolfgang	GER	728	948	MINOR, Klaus	GER	113	96	NIZZOLA, Anna Maria	ITA
1029	1.288	MAIWORM, Michael	GER	261	605	MITTELBERG, Michael	GER	891	1.349	NÖNNINGER, Andreas	GER
634	1.083	MALINOWSKI, Gregor	GER	38	432	MITTELSTÄDT, Marcus	GER	764	1.154	NORK, Normen	GER
806	1.038	MALKE, Andreas	GER	894	1.407	MODNIEWSKI, Volker	GER	588	1.065	NOTTROTT, Rudolf	GER

787	973	NUPPENEY, Frank	GER	21	77	POKRAKA, Iris	GER	580	799	ROBENS, Hans Willi	GER
786	816	O NÜRNBERGER, Roland	GER	1014	1.513	POLHAUS, Frank	GER	499	792	ROBINSON, Marvin	GER
991	1.338	KANE, Artie	IRL	384	704	PRAETORIUS, Manuel	GER	948	957	ROEHL, Jan	GER
125	221	OBERHUBER, Karl-H	GER	213	436	PRENGER, Falk	GER	965	1.428	ROESNER, Helmut	GER
803	355	OBERMAIER, Matthias	GER	1033	1.148	PREUSS, Helmut	GER	241	829	ROHR, Torsten	GER
596	411	OBERMAIR, Norbert	GER	29	110	PRIGENT, Laurence	FRA	573	811	RÖHRER, Walter	GER
229	873	OBERMEIER, Thomas	GER	316	567	PRILL, Bernd	GER	603	939	RÖHRL, Armin	GER
365	916	OBERNDÖRFER, Ulf	GER	457	554	PROBST, Stefan	GER	197	1.033	ROLKE, Dirk	GER
546	908	OCKENFELD, Frank	GER	903	1.406	PROVOST, Gilbert	FRA	845	1.160	ROLKE, Jörn	GER
977	1.416	OCKER, Peter	GER	574	987	PULGER, Helmut	GER	341	246	RÖLL, Christian	GER
134	81	OESTREICH, Uschi	GER	1069	1.397	PÜTZ, Hans	GER	178	1.001	ROLLER, Christian	GER
901	1.046	OHLHORST, Thorsten	GER	420	1.004	QUERE, Sebastien	FRA	907	1.281	ROMANO, Gian Antonio	SUI
32	465	OKYAY, Mustafa	GER	565	677	RAAB, Wolfgang	GER	105	319	RONGE, Lothar	GER
444	606	OLDENBURG, Jürgen	GER	83	526	RAABE, Michael	GER	710	1.313	ROOSEBOOM, Markus	NEL
754	1.275	OLSCHOWY, Rüdiger	GER	679	1.369	RAABE, Wolfgang	GER	957	206	RÖSEL, Ralph	GER
795	1.103	OLSEN, Freddy	NOR	908	1.063	RADESTOCK, Jörg	GER	469	669	ROßKOPF, Karl-Heinz	GER
84	179	ONISSEIT, Elisabeth	GER	486	254	RADICKE, Werner	GER	731	1.201	ROSSMANITH, Matthias	GER
327	949	OP DE LAAK, Peter	GER	120	765	RADKE, Dirk	GER	498	623	RÖSSNER, Georg	GER
131	435	OPFER, Andreas	GER	137	737	RADKE, Mario	GER	121	186	ROTHE, Sonia	GER
570	558	ORDUNG, Manfred	GER	463	636	RADUSCH, Hans-Uwe	GER	65	128	RÖTHENBACHER, Sus	GER
860	1.298	OSSOWSKI, Adam	POL	381	925	RAMSAUER, Josef	GER	1077	1.229	RUCKDÄSCHEL, Jörg	GER
625	462	OSWALD, Ingo	GER	114	79	RASMUSSEN, Lene	DEN	773	923	RÜCKER, Andreas	GER
101	123	OTTEN, Simone	GER	458	850	RAUCH, David Alexand	GER	61	184	RUCKTÄSCHEL, Ulla	GER
642	1.365	OTTO, Manfred	GER	333	1.113	RAUCHENBERGER,	GER	63	162	RÜDEL, Iris	GER
515	545	PAHL, Jens	GER	156	490	RAUSCHMEIER, Klaus	GER	154	710	RUF, Werner	GER
249	1.538	PAPENBROCK, Thomas	GER	784	1.291	RAUT, Wieslaw	POL	982	801	RÜHL, Oliver	GER
350	884	PAPENFUß, Jürgen	GER	741	600	REES, Gary	GBR	104	121	SAALFELD, Claudia	GER
496	250	PAPPENDORF, Uwe	GER	539	594	REICHMANN, Benedikt	GER	732	1.454	SAALFRANK, Bernhard	GER
96	539	PASCHER, Alexander	GER	1024	1.404	REIDENBACH, Daniel	GER	1018	1.481	SAALFRANK, Stephan	GER
832	1.437	PASSIEPEN, Dietmar	GER	476	1.412	REIDING, Malik Lynge	GRE	692	1.155	SACHSE, Ekki	GER
95	135	PATTAS, Patricia	GER	925	1.385	REINEL, Bernd	GER	864	282	SALOMON, Eric	FRA
668	224	PATZINA, Roland	GER	41	78	REINHARDT, Petra	GER	1046	796	SALZNER, Thomas	GER
117	140	PAUL, Pia	GER	401	1.200	REINHOLD, Bernd	GER	472	1.491	SANDER, Peter	GER
920	281	PAULUS, Walter	GER	366	349	REINHOLD, Thomas	GER	7	23	SANTAMARIA, Perez	ESP
196	290	PAUS, Thomas	GER	414	938	REIS, Stefan	GER	517	1.283	SARTORY, Markus	GER
62	161	PEDERSEN, Frauke	GER	759	417	REITENSPIEß, Matthias	GER	684	926	SATTLER, Carsten	GER
919	1.456	PEETERS, Felix	GER	1089	1.307	REKEL, Andreas	GER	97	305	SATTLER, Hans Ludwig	GER
893	1.272	PEIFFER, Tom	LUX	309	227	RENNIES, Bernd	GER	1121	1.429	SAUER, Dirk	GER
70	114	PELKA, Sabine	GER	810	198	RETZER, Harald	GER	892	214	SAUTTER, Guido	GER
941	1.296	PELZER, Reinhard	GER	807	1.127	REUTER, Eric	GER	593	1.517	SCAUT, Christian	BEL
170	773	PERFOLL, Anton	GER	718	1.237	REXROTH, Jan	GER	398	1.106	SCHAAF, Etienne	GER
707	1.259	PESCH, Thomas	GER	789	959	REXROTH, Michael	GER	548	972	SCHAAF, Ulrich	GER
323	895	PETERMANN, Rene	GER	1085	1.348	RICE, Pat	GBR	464	1.137	SCHABACKER, Jan	GER
217	756	PETERS, Martin	GER	242	862	RICHARDS, Graham	GBR	933	1.134	SCHABER, Marco	GER
950	1.284	PETERSEN-DREYER,	GER	630	1.380	RICHARDSON, Mark	GBR	188	584	SCHÄFER, Michael	GER
36	102	PEZZOLI, Marinella	SUI	26	20	RICHLIK, Uwe	GER	885	238	SCHÄFER, Wolfgang	GER
276	772	PEZZOLI, Reto	SUI	1073	1.544	RICHTER, Dr. Stefan	GER	42	218	SCHALLMO, Daniel	GER
774	1.335	PFAFFELHUBER, Peter	GER	730	1.425	RICHTER, Thomas	GER	32	182	SCHANZ-MATERN, Elke	GER
575	922	PFEIFFER, Eckart	GER	599	1.263	RICKMERS, Peter	GER	163	708	SCHARRER, Ingo	GER
1125	695	PIEPEL, Herbert	GER	560	1.031	RIEGER, Thomas	GER	113	317	SCHARTEL, Alexander	GER
1100	1.375	PIEPER, Gerhard	GER	674	688	RIEMENSCHNEIDER, K	GER	970	1.165	SCHATZMANN, Stefan	GER
1104	1.505	PIEPER, Mark	GER	290	291	RIEß, Erwin	GER	828	1.187	SCHAUER, Josef	GER
1032	1.501	PIETRUSCHKA, Klaus	GER	1066	1.367	RILL, Alexander	GER	781	1.042	SCHEFFE, Bernd	GER
236	896	PIEZ, Ingo	GER	235	1.002	RITSCHEL, Thomas	GER	240	318	SCHEIBE, Gerd	GER
501	502	PINK, Volker	GER	817	1.111	RITTER, Dominik	GER	1020	1.464	SCHELLENBERG, Tho	GER

1025	1.305 SCHERER, Stefan	SUI
64	235 SCHEUBERT, Johannes	GER
194	598 SCHIELE, Josef	GER
233	548 SCHIERECK, Arne	GER
678	591 SCHLICHTE, Stefan	GER
960	1.387 SCHLIEPER, Jochen	GER
22	339 SCHMATZ, Wolfgang	GER
510	881 SCHMEIßER, Wolfgang	GER
70	197 SCHMIDBAUER, Matth	GER
878	1.432 SCHMIDHAUSER, Ach	GER
59	80 SCHMIDPETER, Marion	GER
77	141 SCHMIDT, Carmen	GER
615	298 SCHMIDT, Dirk	GER
71	33 SCHMIDT, Hannes	GER
956	1.151 SCHMIDT, Jens	GER
123	116 SCHMIDT, Katja	GER
870	1.035 SCHMIDT, Ulrich	GER
96	103 SCHMIEMANN, Martina	GER
224	883 SCHMITT, Gerhard	GER
183	551 SCHMITT, Ronny	GER
46	535 SCHMITZ, Andreas	GER
1092	1.485 SCHMITZ, Bernhard	GER
130	449 SCHMITZ, Florian	GER
344	683 SCHMITZ, Karl-Heinz	GER
584	252 SCHNEIDER, Andreas	GER
354	995 SCHNEIDER, Christoph	GER
106	155 SCHNEIDER, Katrin	GER
230	491 SCHNEIDER, Knut	GER
459	1.178 SCHNEIDER, Uli	GER
43	29 SCHNELL, Christian	GER
847	251 SCHNELLINGER, Gerd	GER
843	818 SCHNOCKLAKE, Josef	GER
582	517 SCHOCH, Markus	GER
342	459 SCHÖLL, Markus	GER
66	333 SCHOLL, Michael	GER
285	993 SCHOLLMAYER, Bernd	GER
234	871 SCHOLZ, Stefan	GER
1007	1.310 SCHOLZ, Uwe	GER
1026	1.098 SCHÖNBERGER, Mic	GER
1038	661 SCHÖNEBERGER, Udo	GER
93	183 SCHÖNFELDER, Frau	GER
49	156 SCHOPF, Angelika	GER
623	1.143 SCHÖPKER, Ralf	GER
994	1.276 SCHÖPKER, Urich	GER
438	804 SCHORR, Andreas	GER
189	307 SCHOTT, Markus	GER
406	457 SCHRAML, Martin	GER
359	1.080 SCHREINER, Stefan	GER
576	562 SCHRÖDER, Frank	GER
82	440 SCHROLL, Bernd	GER
107	134 SCHU, Anja	GER
304	1.202 SCHUBERT, Birger	GER
516	672 SCHUBERT, Peter	GER
578	941 SCHUDERA, Matthias	GER
881	1.370 SCHULENBURG, Frank	GER
942	1.138 SCHÜLLER, Dieter	GER
360	958 SCHULTE, Klaus	GER
410	1.049 SCHULTHEISS, Jochen	GER
717	890 SCHULTZ, Martin	GER
736	1.120 SCHULZ, Christian	GER
357	963 SCHULZ, Hans-Jürgen	GER
829	1.478 SCHULZ, Thomas	GER
752	1.078 SCHULZ, Uwe	GER
128	634 SCHUSTER, Andreas	GER
1106	970 SCHUSTER, Frank	GER
1093	1.489 SCHWARZ, Gerhard	GER
665	1.341 SCHWARZENBERG, F	GER
514	555 SCHWARZER, Joachim	GER
737	552 SCHWECKENDIEK, Ralf	GER
374	971 SCHWENK, Florian	GER
884	1.381 SCHWIDDER, Udo	GER
124	154 SCHWITTMANN, Irmg	GER
39	181 SCHWUCHOW, Romy	GER
637	1.067 SEEBODE, Jan	GER
442	264 SEITZ, Rolf	GER
1043	1.448 SEITZ, Thomas	GER
1120	1.414 SELMAIER, Norbert	GER
643	1.000 SELTMANN, Josef	GER
597	930 SEMBOWSKI, Frank	GER
371	422 SEMMELROTH, Gerno	GER
226	19 SHELDRAKE, Stephen	NZL
776	692 SIDO, Bernd	GER
990	667 SIEBER Gerhard	GER
466	408 SIEBERT, Peter	GER
1094	1.318 SIEKER, Rolf	GER
57	75 SILVER, Sabine	GER
123	853 SIMONIS, Marc	GER
1140	1.426 SIMPSON, Jonathan	NZL
792	438 SKROBANEK, Mirco	GER
52	65 SLADKY, Ginger	USA
856	1.323 SLUZALEK, Ralf	GER
694	880 SMALL LEGS-NAGGE, P	CDN
883	1.346 SMITH, David	GBR
18	69 SMITH, Shannon	USA
1103	1.301 SMITH, Stephen	CDN
105	159 SMOOTHY, Jolie	AUS
243	857 SMUDA, Tim	GER
4	13 SÖDERDAHL, Tom	FIN
279	749 SOEBY, Carsten	DEN
1059	1.357 SOLLEDER, Norman	GER
751	659 SOLLMANN, Wolf-Peter	GER
372	790 SOMMER, Helmut	GER
775	568 SOMMER, Michael	GER
176	879 SOMMER, Thomas	SUI
427	426 SPAN, Manuel	GER
338	861 SPÄTH, Dieter	GER
81	473 SPIEGEL, Holgi	GER
835	1.427 SPIEGL, Stefan	GER
840	1.354 SPIEß, Karsten	GER
757	1.322 SPIJKER, Rüdiger	GER
39	34 SPINDLER, Joseph	GER
762	1.192 SPITZ, Marc	GER
377	1.216 SPITZHORN, Heiko	GER
34	163 SPYCHALA, Agnes	GER
248	960 SRODULSKI, Eric	USA
1045	698 STAATS, Tom	GER
68	201 STADLMANN, Matthias	AUT
906	1.368 STALINSKI, Dirk	GER
68	63 STANBERGER, Dorthe	GER
71	172 STARK, Kirsten	GER
112	220 STAUB, Jürgen	GER
944	413 STEIN, Klaus-Dieter	GER
452	814 STEINBECK, Jörn	GER
23	39 STEINBERGER, Rainer	GER
411	1.017 STEINER, Andreas	GER
1011	1.297 STEINMANN, Uwe	GER
141	870 STELZER, Gunnar	GER
887	655 STENGEL, Peter	GER
397	685 STEPHAN, Manfred	GER
852	611 STEPHAN, Oskar	GER
340	1.502 STOCK, Gerhard	GER
278	597 STÖCKMANN, Michael	GER
1110	1.422 STOCKMANN, Ralf	GER
306	846 STOFFEL, Holger	GER
712	1.066 STOFFEL, Werner	GER
589	1.466 STOLTE, Wolfgang	GER
1096	1.484 STOLZENBERGER, Jü	GER
407	646 STÖMMER, Peter	GER
1137	1.457 STRACKE, Rainer	GER
746	763 STRAßBURGER, Thor	GER
671	549 STRAUB, Joseph	GER
606	294 STREICHER, Andreas	GER
1126	1.441 STRÖSSENREUTHER,S	GER
1001	1.213 STUBBE, Peter	GER
744	800 SUCHANEK, Christian	GER
134	626 SUCHANEK, Waldemar	GER
282	703 SULIGOJ, Gorazd	SLO
219	854 SÜNDERMANN, Hans D	GER
449	864 SÜß, Mathias	GER
842	1.262 SÜß, Stefan	GER
638	1.105 SWARS, Erik	GER
477	1.205 SWATOSCH, Harald	GER
1132	574 TAKAMURA, Masanori	JAP
8	9 TAMM, Margus	EST
859	1.072 TANIGUCHI, Chihiro	JAP
823	550 TANNER, Gregroy	USA
5	4 TAUBERT, Alexander	GER
921	1.287 TEICHERT, Ingo	GER
525	345 TEMPCKE, Roman	GER
927	900 TERPORTEN, Hermann	GER
296	455 TESCHNER, Bertram	GER
785	464 TETZLAFF, Lars	GER
11	30 TEWES, Heiko	GER
1099	1.471 TEWS, Henry	GER
334	917 THALAU, Oliver	GER

281	336	THAUER, Holger	GER	937	1.417	WAMSER, Jörg	GER	538	842	WOLFGRAMM, Arne	GER
311	503	THIEDMANN, Rene	GER	812	1.343	WANGERIN, Wulf	GER	37	302	WOLPERT, Andreas	GER
130	165	THIEL, Barbara	GER	31	55	WEBER, Angela	GER	212	488	WOLTER, Uwe	GER
979	1.256	THIEL, Rupert	GER	666	583	WECKENMANN, Eckh	GER	934	1.314	WÖRNER, Frank	GER
269	1.086	THIEROLF, Klaus	GER	805	1.353	WEGENER, Rainer	GER	1040	1.444	WRAGG, John	CDN
284	565	THOIS, Andreas	GER	1041	1.231	WEHMEYER, Jens	GER	974	1.122	WULFF, Thomas	GER
673	662	THOME, Frank	GER	1074	330	WEIGANG, Christian	GER	1113	1.430	WUND, Bernard	FRA
720	865	THORUP, Jan	DEN	690	1.093	WEIGEL, Michael	GER	272	666	WUNDER, Wolfgang	GER
100	477	THULMANN, Frank	GER	769	1.077	WEIJERS, Florian	GER	1124	682	WÜNSCHMANN, Herb	GER
902	1.144	THÜMMLER, Jan	GER	46	87	WEINBERGER, Stefanie	GER	985	1.053	WURSTER, Klaus	GER
50	125	TIMM, Sabine	GER	738	1.521	WEINDEL, Jürgen	GER	25	61	YARDE, Shirley	GBR
1065	1.420	TOFTE, Poul Erik	DEN	813	255	WEININGER, Manfred	GER	540	1.039	YILDIRM, Selcuk	GER
914	1.254	TORTAY, Vincent	FRA	613	559	WEIPPERT, Christian	GER	1035	1.434	ZAHN, Oliver	GER
86	115	TRÄNKLER, Nina	GER	320	808	WEISS, Matthias	GER	108	430	ZAKARIAS, Geza	HUN
150	709	TRAPPMANN, Robert	GER	1107	1.458	WEISS, Thomas	GER	1064	645	ZANDER, Rainer	GER
554	1.230	TRAUTMANN, Uwe	GER	1071	1.114	WEITH, Jürgen	GER	20	770	ZDANOV, Jaroslav	UKR
266	446	TRETBAR, Oliver	GER	980	289	WENGEL, Jörn	GER	628	1.095	ZEHNER, Marco	GER
740	1.542	TZSCHEETZSCH, Dr. V	GER	138	152	WENGENMAYR, Daph	GER	796	1.445	ZEIN, Stefan	GER
63	470	UHL, Roger	GER	379	1.195	WENGER, Alfred	GER	645	1.051	ZEIS, Michael	GER
193	474	ULBRICH, Jörg	GER	390	860	WENGER, Tobias	GER	1057	1.411	ZELLER, Klaus	GER
455	898	URBANSKY, Michael	GER	682	1.209	WENT, Florian	GER	903	1.516	ZELLNER, Wolfgang	AUT
598	1.008	VAGNDORF, Rolf	DEN	1097	1.475	WENZL, Jürgen	GER	12	171	ZENKER-KIEHNLEIN, U	GER
173	743	VAN DE WALLE, Bart	BEL	41	217	WERNER, Thomas	GER	703	1.047	ZEPF, Markus	GER
253	809	VAN DEN BROEKE, Pa	BEL	1012	267	WERZINGER, Armin	GER	1112	1.358	ZEPPEZAUER, Erik	GER
532	760	VAN HILST, Wim	NEL	685	1.410	WESIERSKI, Dariusz	POL	713	1.082	ZIEGLER, Bernd	GER
513	239	VAN TRILL, Bernd	GER	492	1.097	WESSING, Nils	GER	49	1.537	ZIELISCH, Falk	GER
48	697	VAN WICKEREN, Denn	GER	1116	1.519	WETZEL, Torsten	GER	918	577	ZIERIS, Peter	GER
268	802	VEIT, Hans-Peter	GER	1031	1.487	WEYH, Harald	GER	742	1.040	ZILBAUER, Matthias	GER
1042	260	VEIT, Martin	GER	989	1.128	WHEELER, Mark	GBR	587	1.394	ZILLMANN, Uwe	GER
493	1.214	VERHOEVEN, Wolfgang	GER	149	443	WIEBE, Nicholas	GER	255	771	ZIMMER, Kurt	GER
404	934	VERNAZZA, Rudolph	FRA	97	124	WIEDEMANN, Anita	GER	646	1.235	ZIMMERMANN, Jens	GER
446	509	VETTER, Kai	GER	836	1.149	WIELOPOLSKI, Marek	GER	831	1.535	ZIMMERMANN, Thilo	GER
876	1.311	VIERLINGER, Helmut	GER	794	836	WIENDL, Stephan	GER	460	404	ZINN, Matthias	GER
968	780	VILAJOANA, Jordi	ESP	976	1.171	WIENER, Wolfgang	GER	462	405	ZIRKELBACH, Leo	GER
553	1.069	VILARDAGA, Jordi	ESP	912	1.090	WIERER, Christian	GER	15	66	ZUNNER-FERSTL, Ast	GER
271	876	VOGEL, Matthias	GER	348	851	WIESEL, Alexander	GER				
329	350	VOGEL, Thomas	GER	129	153	WIETHÖLTER, Anja	GER				
954	1.100	VOGT, Matthias	GER	826	1.117	WIETS, Dr. Michael	GER				
402	824	VOIGT, Heiko	GER	1072	843	WILEMAN, Aaron	AUS				
656	1.185	VOIT, Michael	GER	158	301	WIMMER, Richard	GER				
660	230	VOITL, Peter	GER	160	213	WIMMER, Robert	GER				
60	89	VOLKHEIMER, Daniela	GER	405	572	WINDMÜLLER, Uwe	GER				
998	1.431	VÖLKL, Peter	GER	971	673	WINKELMANN, Udo	GER				
30	133	VORNHOLT, Kathrin	GER	283	280	WINKELMANN, Ulli	GER				
38	59	VOSS, Helga	GER	315	924	WINKHART, Norbert	GER				
653	1.152	VOß, Jürgen	GER	512	649	WINKLER, Manfred	GER				
867	1.240	VOß, Matthias	GER	821	1.438	WINTEROTT, Oliver	GER				
36	701	VOß, Sven Martin	GER	733	1.302	WINZEK, Stefan	GER				
772	899	VOSSEN, Toni	GER	675	265	WIRDEMANN, Hinnerk	GER				
1006	1.055	WACHSMANN, Volker	GER	47	528	WISOTZKI, Oliver	GER				
58	631	WÄCHTLER, Thomas	GER	215	501	WIST, Thomas	GER				
715	1.085	WAGENKNECHT, Rud	GER	260	1.101	WÖHRLE, Frank	GER				
988	463	WAGNER, Andreas	GER	47	97	WOLF, Sabine	GER				
153	935	WAHL, Peter	GER	126	202	WOLFARTH, Christian	GER				
564	1.268	WÄLTI, Beat	SUI	332	589	WÖLFEL, Thomas	GER				

Roth ist weiter attraktiv
Auch ohne Ironman-Lizenz lebt der fränkische Triathlon

Nordbayrischer Kurier
Dienstag 8. Juli 2003

McCormack gegen Leder heißt das Challenge-Duell
Blau fordert Gelb
Triathlon in Roth verspricht am Sonntag viel Spannung

Roth-Hilpoltsteiner Volkszeitung
Freitag 04. Juli 2003

Doppelsieg für Triathlon-Paar
Fünfter Erfolg in Roth für Lothar Leder – Premiere für Frau Nicole

Bonner Rundschau
Montag 07. Juli 2003

Duell Leder gegen McCormack
Spannung beim Langdistanz-Triathlon am Sonntag in Roth

Passauer Neue Presse
Sonntag 06. Juli 2003

Ein Landkreis im Zeichen des Triathlon
Schwimmen, Rad fahren, laufen heißt es für 2600 Athleten beim Quelle Challenge in Roth

Nürnberger Nachrichten
Freitag 04. Juli 2003

Quelle Challenge - Europas Sportwelt blickt nach Roth
Auch ohne die „Triathlon-Edelmarke" Ironman mehr als 1.200 Kämpfer dabei

Der Marktspiegel
02. Juli 2003

Leder wieder Favorit
Darmstädter Echo
Montag 07. Juli 2003

Vielen Dank an:
3.600 Helfer, 274 Polizeibeamte, 385 Feuerwehrleute, 361 Rettungsdienste, 26 Vereine, 50 Wettkampfrichter, rund 100.000 Zuschauern

Roth lebt: Ein Comeback unter erschwerten Bedingungen
Die Leders feiern ein Familienfest
Ein Triathlon aus dem Bilderbuch

Frankfurter Allgemeine
Dienstag 08. Juli 2003

Roth feierte eine Weltpremiere
Das Triathlon-Ehepaar Nicole und Lothar Leder gewann beim Quelle Challenge

Roth-Hilpoltsteiner Volkszeitung
Montag 07. Juli 2003

Triathlon-Mythos Roth: In Franken werden Eisenmänner zu Genießern

Roth-Hilpoltsteiner Volkszeitung
Samstag/Sonntag 05./06. Juli 2003

QCR 2003 - Kommentar: Zurück in die Zukunft
von Steffen Gerth für tri2b.com

www.info@tri2b.com
Montag 07. Juli 2003

Stichwörter
Presseberichte

Feiertag für Familie Leder beim „Ironman" in Roth
*Neue OZ Osnabrücker Zeitung
Montag 07. Juli 2003*

Familien-Feiertag bei deutschem Ironman
Ehepaar Leder gewinnt vor über 100 000 Zuschauern im Triathlon-Mekka Roth
*Dresdner Neuste Nachrichten/AZ
Leipziger Volkszeitung
Montag 07. Juli 2003*

TRIATHLON / Ob Profi oder Freizeitsportler: Irgendwann beginnt für jeden auf der Ironmandistanz in Roth die Qual
226 Kilometer zwischen Himmel und Hölle
*Südwest Presse
Dienstag 08. Juli 2003*

Wie Nicole Leder aus dem Schatten ihres erfolgreichen Mannes Lothar tritt
„Der Sieg in Roth ist richtig geil"
Die 32-jährige Darmstädterin stellte einen neuen Marathon-Rekord in Roth auf
*Nürnberger Zeitung
Montag 08. Juli 2003*

Leder folgt dem Mythos nach Roth
TRIATHLON: Fernduell mit Frankfurt
*Neue Westfälische
Sonntag/Montag 05./06. Juli 2003*

Im Ziel nur drei Sekunden Vorsprung
TRIATHLON Seriensieger Lothar Leder und der Australier Chris McCormack lieferten sich beim Ironman von Roth einen packenden Zweikampf
*Westfälischer Anzeiger
Montag 07. Juli 2003*

Verpflegung:
16.000 Bananen, 1.800 Äpfel, 500 Orangen, 350 Kiwi, 600 Zitronen, 380 Melonen, 12 Kg Rosinen, 14 Kg Trockenobst, 1.800 Stück Reiskuchen, 3.500 Stück Kuchen, 18.000 PowerBar-Engergieriegel, 10.000 Liter Mineraldrinks (wurden in 50.000 Trinkbechern und in 8.000 Trinkflaschen ausgegeben), 6.100 Liter Coca-Cola, 16.500 Liter Mineralwasser Franken Brunnen, Joghurt (2.800 Becher), Frischbuttermilch (2.800 Becher), Frischmilch (600 Liter) von Paladin, 3.600 Käse- und Wurstsemmeln, je 150 Kg Wurst und Käse, 2.000 Salzstangen und Brezen, 1.700 Schokoriegel, 500 Packungen Waffeln

Menschen, Teufel, Sensationen: Quelle Challenge ist Kult
*DK
Montag 07. Juli 2003*

Triathlon: Ehepaar Leder feiert in Roth Doppelsieg
„Zum Schluss war es eine Quälerei"
*Aachener Nachrichten
Montag 07. Juli 2003*

Lothar Leder: Roth wird nicht langweilig
Auch ohne Ironman-Lizenz lockt die Traditionsveranstaltung 100 000 Zuschauer an
*Fränkischer Tag/Bamberg
Dienstag 08. Juli 2003*

Roth bleibt eben Roth
Alle gaben alles — Belohnung: Quelle macht weiter
*Roth-Hilpoltsteiner Volkszeitung
Montag 07. Juli 2003*